Langenfeld
Kleines Rechtsformularbuch für die GmbH
mit Erläuterungen und Gesetzestext

Kleines Rechtsformularbuch für die GmbH

mit Erläuterungen und Gesetzestext

Bearbeitet von

Prof. Dr. Gerrit Langenfeld
Notar in Karlsruhe

Sonderdruck aus
„Wurm/Wagner/Zartmann, Das Rechtsformularbuch,
12. völlig neubearbeitete Auflage, Köln 1989"

Centrale für GmbH Dr. Otto Schmidt · Köln

CIP-Titelaufnahme der Deutschen Bibliothek

Langenfeld, Gerrit:
Kleines Rechtsformularbuch für die GmbH mit Erläuterungen und Gesetzestext: Sonderdruck aus „Wurm/Wagner/Zartmann, Das Rechtsformularbuch, 12., völlig neubearbeitete Auflage, Köln 1989" / bearb. von Gerrit Langenfeld. – Köln: Centrale für GmbH Schmidt, 1990
ISBN 3-504-32603-4
NE: HST

Der Inhalt dieses Buchs wurde nach bestem Wissen erstellt und mit größtmöglicher Sorgfalt überprüft. Gleichwohl kann für mögliche inhaltliche Unsichtigkeiten keine Verantwortung übernommen werden. Insbesondere kann dem Anwender nicht die Entscheidung abgenommen werden, ob eine Formulierung im Einzelfall übernommen werden kann oder ob es der individuellen Gestaltung bedarf.

© 1990 by Verlag Dr. Otto Schmidt KG, Köln

Das Werk einschließlich aller seiner Teile ist urheberrechtlich geschützt. Jede Verwertung, die nicht ausdrücklich vom Urheberrechtsgesetz zugelassen ist, bedarf der vorherigen Zustimmung des Verlags. Das gilt insbesondere für Vervielfältigungen, Bearbeitungen, Übersetzungen, Mikroverfilmungen und die Einspeicherung und Verarbeitung in elektronischen Systemen.

Gesamtherstellung: Bercker, Graphischer Betrieb GmbH, Kevelaer
Printed in Germany

Vorwort

Seit dem Inkrafttreten des Staatsvertrags über die Schaffung einer Währungs-, Wirtschafts- und Sozialunion zwischen der Bundesrepublik Deutschland und der DDR sind u. a. das GmbH- und das Aktiengesetz sowie das 1. bis 3. Buch des HGB in der Fassung der Bundesrepublik Deutschland jetzt auch in der DDR anwendbar. Um den Angehörigen der rechts- und steuerberatenden Berufe sowie auch den Betrieben selbst für die zu erwartende große Zahl von GmbH-Neugründungen eine Arbeitshilfe an die Hand zu geben, haben sich Centrale für GmbH und Verlag Dr. Otto Schmidt KG entschlossen, aus dem Rechtsformularbuch von Wurm/Wagner/Zartmann (Praktische Erläuterungen und Muster für das Bürgerliche Recht, Arbeits-, Handels- und Gesellschaftsrecht mit steuer- und kostenrechtlichen Hinweisen) die GmbH-Kapitel als Sonderdruck herauszubringen.

Im Mittelpunkt dieser Darstellung stehen Formulare, die Verträge, Beschlüsse sowie einseitige Willenserklärungen von GmbH betreffen und die von gängigen, typischen Fallgestaltungen ausgehen. In Fußnoten-Anmerkungen zu den einzelnen Formularen werden konkrete Hinweise für die Gestaltung gegeben. Eine einführende Erläuterung soll helfen, die Zusammenhänge zu erkennen und einzelne Rechtsfragen zu vertiefen.

Dieses Kompendium von Lösungsvorschlägen soll Hilfe geben bei der Strukturierung von Vertrags- und anderen rechtsgestalterischen Entwürfen, bei deren Formulierung im einzelnen sowie bei der Vollständigkeits- und Richtigkeitskontrolle. Dazu werden Alternativformulierungen angeboten, Motive für bestimmte Formulierungen und Alternativen genannt und der rechtliche Rahmen aufgezeigt, innerhalb dessen sich die jeweiligen Formulierungen aus Rechts- und bzw. oder Steuergründen bewilligen können. Patentlösungen kann und will ein solches Werk aber nicht bieten, weil nahezu jeder Sachverhalt seine Besonderheiten hat, denen durch eigenverantwortliche Gestaltung Rechnung getragen werden muß. Bei aller Bemühung kann daher eine Garantie für die „richtige" Formulierung im Einzelfall nicht gegeben werden.

Herausgeberin und Verlag liegt sehr daran, alle GmbH in der DDR und ihre Berater umfassend, differenziert und praxisnah zu informieren. Gemeinsam hoffen beide, mit dieser Sonderausgabe Unternehmen und Beratern eine geeignete Arbeitshilfe für die tägliche Gestaltungspraxis an die Hand zu geben.

Köln, August 1990   Centrale für GmbH
                                                           Dr. Otto Schmidt, Köln

Inhaltsverzeichnis

(Die Kap.-Nr. entsprechen denen des „Rechtsformularbuchs", die Seitenzahlen nicht)

	Seite
Vorwort	V
Abkürzungsverzeichnis	IX

Kap. 115	Der Gesellschaftsvertrag der GmbH	1
115a	Gesellschaftsvertrag zur Gründung einer GmbH	24
115b	Anmeldung der Bargründung	29
115c	Liste der Gesellschafter (der B-GmbH mit dem Sitz in A-Stadt)	31
115d	Sachgründung	33
115e	Sachgründungsbericht	34

Kap. 116	Einmann-Gründung	35
116a	Gesellschaftsvertrag der Einmann-GmbH (Mindestinhalt)	35
116b	Anmeldung der Einmann-GmbH	36
116c	Gesellschafterliste	37

Kap. 117	Der GmbH-Geschäftsführervertrag	37
117a	Geschäftsführervertrag	40
117b	Anmeldung eines Geschäftsführerwechsels	41

Kap. 118	Sitzverlegung der GmbH	42
118a	Sitzverlegungsbeschluß mit Anmeldung	42

Kap. 119	Änderung der Satzung der GmbH	43
119a	Satzungsänderungsbeschluß	44
119b	Anmeldung der Satzungsänderung	44

Kap. 120	Kapitalerhöhungen	45
120a	Kapitalerhöhung mit Bareinlage	46
120b	Anmeldung	47
120c	Kapitalerhöhung aus Gesellschaftsmitteln	49
120d	Anmeldung der Kapitalerhöhung aus Gesellschaftsmitteln	50

Kap. 121	Kapitalherabsetzung	51
121a	Kapitalherabsetzung	52
121b	Kapitalherabsetzung nach Einziehung	52
121c	Kapitalherabsetzung bei Unterbilanz	53
121d	Anmeldung der Kapitalherabsetzung	53

Kap. 122	Abtretung und Verpfändung von Geschäftsanteilen, Nießbrauch und Treuhand an Geschäftsanteilen	53
122a	Geschäftsanteilsabtretung	55
122b	Geschäftsanteilsverpfändung	56
122c	Nießbrauchsbestellung	57
122d	Treuhand	58

	Seite
Kap. 123 Auflösung und Liquidation der GmbH	59
123a Gesellschafterbeschluß auf Auflösung einer GmbH	59
123b Anmeldung der Auflösung	60
123c Bekanntmachung der Auflösung im Veröffentlichungsorgan der GmbH	60
123d Anmeldung der Beendigung der Liquidation	60
Gesetz betreffend die Gesellschaften mit beschränkter Haftung	61
1. Abschnitt Errichtung der GmbH §§ 1–12	61
2. Abschnitt Rechtsverhältnisse der Gesellschaft und der Gesellschafter §§ 13–34	66
3. Abschnitt Vertretung und Geschäftsführung §§ 35–52	72
4. Abschnitt Abänderungen des Gesellschaftsvertrages §§ 53–59	78
5. Abschnitt Auflösung und Nichtigkeit der Gesellschaft §§ 60–77	81
6. Abschnitt Schlußbestimmungen §§ 78–85	86
Stichwortverzeichnis	89

Abkürzungsverzeichnis

aA	anderer Auffassung
aaO	am angegebenen Ort
Abs.	Absatz
Abschn.	Abschnitt
aE	am Ende
aF	alte Fassung
AG	Aktiengesellschaft, Die Aktiengesellschaft (Zeitschrift), Amtsgericht
AktG	Aktiengesetz
Alt.	Alternative
aM	anderer Meinung
Anh.	Anhang
Anm.	Anmerkung
AR	Aufsichtsrat
Art.	Artikel
Aufl.	Auflage
BayObLG	Bayerisches Oberstes Landesgericht
BayObLGZ	Entscheidungen des Bayerischen Obersten Landesgerichts in Zivilsachen
BB	Der Betriebs-Berater (Zeitschrift)
BetrAVG	Gesetz zur Verbesserung der betrieblichen Altersversorgung
BeurkG	Beurkundungsgesetz
BFH	Bundesfinanzhof
BFHE	Entscheidungen des Bundesfinanzhofs
BGB	Bürgerliches Gesetzbuch
BGBl.	Bundesgesetzblatt
BGH	Bundesgerichtshof
BGHZ	Entscheidungen des Bundesgerichtshofs in Zivilsachen
BiRiLiG	Bilanzrichtliniengesetz
BMF	Bundesminister der Finanzen
Bsp.	Beispiel
BStBl.	Bundessteuerblatt
BVerfG	Bundesverfassungsgericht
BVerfGE	Entscheidungen des Bundesverfassungsgerichts
BWNotZ	Zeitschrift für das Notariat in Baden-Württemberg
DB	Der Betrieb (Zeitschrift)
DNotZ	Deutsche Notarzeitschrift
DStR	Deutsches Steuerrecht (Zeitschrift)
DStZ	Deutsche Steuer-Zeitung, Ausgabe A und B
EFG	Entscheidungen der Finanzgerichte
EG	Einführungsgesetz, Europäische Gemeinschaft
eG	eingetragene Genossenschaft
EGBGB	Einführungsgesetz zum Bürgerlichen Gesetzbuch
Einl.	Einleitung
EuGH	Europäischer Gerichtshof
FGG	Gesetz betr. die Angelegenheiten der freiwilligen Gerichtsbarkeit
Fn.	Fußnote
ggf.	gegebenenfalls

Abkürzungsverzeichnis

GKG	Gerichtskostengesetz
GmbH	Gesellschaft mit beschränkter Haftung
GmbHG	GmbH-Gesetz
GmbHR	GmbH-Rundschau (Zeitschrift)
GVBl.	Gesetz- und Verordnungsblatt
GVG	Gerichtsverfassungsgesetz
Hdb.	Handbuch
HGB	Handelsgesetzbuch
hL	herrschende Lehre
hM	herrschende Meinung
HR	Handelsregister
hrsg.	herausgegeben
Hrsg.	Herausgeber
HRV	Handelsregisterverfügung
idF	in der Fassung
idR	in der Regel
IHK	Industrie- und Handelskammer
JR	Juristische Rundschau (Zeitschrift)
JurBüro	Juristisches Büro (Zeitschrift)
JuS	Juristische Schulung (Zeitschrift)
JW	Juristische Wochenschrift (Zeitschrift)
JZ	Juristenzeitung (Zeitschrift)
Kap.	Kapitel
KapErhG	Kapitalerhöhungsgesetz
KapGes.	Kapitalgesellschaft
KG	Kommanditgesellschaft, Kammergericht
KostO	Kostenordnung
KStG	Körperschaftsteuergesetz
LG	Landgericht
MDR	Monatsschrift für Deutsches Recht
MittBayNot	Mitteilungen des Bayerischen Notarvereins, der Notarkasse und der Landesnotarkasse Bayern (Zeitschrift)
MittRhNotK	Mitteilungen der Rheinischen Notarkammer (Zeitschrift)
mwN	mit weiteren Nachweisen
nF	neue Fassung
NJW	Neue Juristische Wochenschrift (Zeitschrift)
NJW-RR	Neue Juristische Wochenschrift – Rechtsprechungsreport (Zeitschrift)
Nr.	Nummer
OHG	Offene Handelsgesellschaft
OLG	Oberlandesgericht
OLGZ	Entscheidungen der Oberlandesgerichte in Zivilsachen
Palandt	Bürgerliches Gesetzbuch, 48. Aufl. 1989 (Kommentar)
PersGes.	Personengesellschaft
Rdnr.	Randnummer
RegE	Regierungsentwurf
RG	Reichsgericht
RGBl.	Reichsgesetzblatt
RGZ	Entscheidungen des RG in Zivilsachen
Rpfl., Rpfleger	Der Deutsche Rechtspfleger (Zeitschrift)
Rspr.	Rechtsprechung
Rz.	Randziffer
WPg.	Die Wirtschaftsprüfung (Zeitschrift)
WPM, WM	Wertpapier-Mitteilungen (Zeitschrift)
ZGR	Zeitschrift für Unternehmens- und Gesellschaftsrecht

ZHR	Zeitschrift für das gesamte Handels- und Wirtschaftsrecht
Ziff.	Ziffer
ZIP	Zeitschrift für Wirtschaftsrecht und Insolvenzpraxis

Vgl. im übrigen Kirchner, Abkürzungsverzeichnis der Rechtssprache, 3. Auflage 1983

Kapitel 115
Der Gesellschaftsvertrag der GmbH

I. Errichtung der GmbH

Die GmbH entsteht mit Eintragung in das Handelsregister, § 11 GmbHG. Der Gesellschaftsvertrag bedarf der notariellen Beurkundung, § 2 Abs. 1 GmbHG. Beim Vertragsabschluß müssen alle Gesellschafter mitwirken. Vertretung ist zulässig, wobei die Vollmacht der notariellen Form bedarf, § 2 Abs. 2 GmbHG. Zur Beurkundung des Gesellschaftsvertrages ist in erster Linie der deutsche Notar berufen. Jedoch ist auch die Gründung vor einem ausländischen Notar zulässig, wenn die ausländische Beurkundung der deutschen Beurkundung gleichwertig ist (BGH WPM 1981, 376).

In der Praxis hat sich die Trennung zwischen dem Gründungsprotokoll und dem eigentlichen Gesellschaftsvertrag (Satzung) als Anlage gemäß § 9 Abs. 1 S. 2 BeurkG als empfehlenswert erwiesen. Der vollständige Wortlaut des Gesellschaftsvertrages im Sinne von § 54 Abs. 1 S. 2 GmbHG muß in einem in sich abgeschlossenen Schriftstück enthalten sein, also entweder im Gründungsprotokoll oder der Anlage (OLG Köln GmbHR 1973, 11; OLG Stuttgart DNotZ 1979, 359; OLG Frankfurt DB 1981, 1183; Winkler DNotZ 1980, 578/581 ff.). Bei Trennung zwischen Gründungsprotokoll und Satzung sind die schuldrechtlichen Verpflichtungen zwischen den Gesellschaftern und, soweit sie wie üblich sogleich erfolgt, die Beschlußfassung über die Bestellung der Geschäftsführer in das Protokoll aufzunehmen, die körperschaftsrechtlichen Regelungen in die Satzung (Priester DB 1979, 681).

Seit der GmbH-Novelle 1980 ist die **Einmanngründung** zulässig. Der Einmanngründer muß allerdings entweder das gesamte Stammkapital einzahlen oder für die nichteingezahlten Teile Sicherheit leisten, § 7 Abs. 2 S. 3 GmbHG.

II. Vor-GmbH

Zwischen den Zeitpunkten der notariellen Beurkundung des Gründungsvertrages und der Eintragung der Gesellschaft in das Handelsregister besteht die Gefahr als sogenannte **Vor-GmbH**. Eine ständige Aufwertung der Vor-GmbH durch die höchstrichterliche Rechtsprechung (dazu Fleck GmbHR 1983, 5) hat dazu geführt, daß die Vor-GmbH der mit Eintragung entstehenden GmbH weitgehend gleichgestellt ist (vgl. auch K. Schmidt GmbHR 1987, 77). In seinem Grundsatzurteil vom 9. 3. 1981 (NJW 1981, 1373; dazu H. Schmidt NJW 1981, 1345; Flume NJW 1981, 1753; John BB 1982, 505; Ulmer ZGR 1981, 593; Fleck GmbHR 1983, 5; Priester ZIP 1982, 1141 und Kückelhaus MittRhNotK 1984, 89) stellt der BGH fest, daß die Vor-GmbH durch Geschäfte, die ihr Geschäftsführer mit Ermächtigung aller Gesellschafter im Namen der Gesellschaft abschließt, auch dann verpflichtet wird, wenn nach der Satzung nur Bareinlagen vereinbart sind. Die Rechte und Pflichten aus solchen Geschäften gehen mit der Eintragung der GmbH voll auf diese über. Ein Vorbelastungsverbot besteht nicht. Jedoch haften für die Differenz, die sich durch solche Vorbelastungen zwischen dem Stammkapital und dem Wert des Gesellschaftsvermögens im Zeitpunkt der Eintragung ergibt, die Gesellschafter anteilig (BGH und h. L.; Nachweise bei K. Schmidt GmbHR 1987, 77). Zudem hat sich die Prüfung durch das Registergericht bei Eintragung der Bargründung auch darauf zu erstrecken, inwieweit das Anfangskapital der GmbH bereits durch Schulden vorbelastet ist. Es besteht ein Eintragungsverbot, wenn die Vor-GmbH über die notwendigen Gründungskosten hinaus bereits durch Verbindlichkeiten das Stammkapital geschmälert hat (BGH NJW 1981, 1373/1376, 1452/1453; s. auch Gustavus GmbHR 1988, 47). Die Haftung der Gründer und die Handelndenhaftung aus § 11 Abs. 2 GmbHG erlöschen mit der Eintragung der GmbH.

Langenfeld

III. Mantelkauf und Mantelgründung

Um die Kosten und Formalitäten einer Neugründung zu vermeiden, einen etwaigen steuerlichen Verlustvortrag ausnutzen zu können oder die Kapitalaufbringungsvorschriften zu umgehen, bedient sich die Praxis nicht selten des sogenannten **Mantelkaufs** (dazu Priester DB 1983, 2291; Ulmer DB 1983, 1123). Beim Mantelkauf werden die Geschäftsanteile einer GmbH, die ihren Geschäftsbetrieb meist eingestellt hat und über kein nennenswertes Vermögen mehr verfügt, rechtsgeschäftlich in der Form des § 15 GmbHG erworben. Der Mantelkauf ist zulässig. Zweifelhaft ist nur, ob bei Umgehung zwingender Gründungsvorschriften durch den Mantelkauf Nichtigkeit gemäß § 134 BGB anzunehmen ist (so OLG Hamburg BB 1983, 1116 für den Fall, daß unter der Geltung der GmbH-Novelle eine Alt-GmbH mit 20 000 DM Stammkapital, davon lediglich 5000 DM eingezahlt, erworben wurde) oder ob dann lediglich die umgangenen Vorschriften analog anzuwenden sind (so Priester aaO). Da der Mantelkauf regelmäßig mit Satzungsänderungen hinsichtlich Firma und Unternehmensgegenstand verbunden ist, müssen die Registergerichte dabei die gesetzliche Mindestkapitalausstattung nach § 9 c GmbHG überprüfen.

Eine Variante des Mantelkaufs ist die **Mantelgründung** (Vorratsgründung), die legitim ist, um Haftungsverfahren des Gründungsstadiums zu vermeiden (Priester aaO). Hier wird teilweise eingewendet, die Gründung sei wegen unrichtiger Angabe des Unternehmensgegenstandes nichtig (KG OLG 43, 296).

IV. Gestaltung des Mindestinhalts der Satzung

1. Die Firma der GmbH

a) Nach § 4 GmbHG muß die Firma der GmbH entweder dem Gegenstand des Unternehmens entlehnt sein **(Sachfirma)** oder die Namen der Gesellschafter oder den Namen wenigstens eines derselben mit einem das Vorhandensein eines Gesellschaftsverhältnisses andeutenden Zusatz enthalten **(Personenfirma)**. Die abgeleitete Firma nach § 22 HGB ist möglich. In jedem Fall muß die Firma der GmbH die zusätzliche Bezeichnung „mit beschränkter Haftung" enthalten, die entgegen dem Wortlaut des Gesetzes auch abgekürzt werden kann (BGHZ 62, 230). Auch die gemischte Personen- und Sachfirma ist möglich.

b) Der Firma der GmbH ist größtmögliche Sorgfalt zu widmen. Unzulässige Firmenbildung ist ein häufiger Beanstandungspunkt im Eintragungsverfahren. Regelmäßig empfiehlt sich, eine **Auskunft** der zuständigen IHK, gegebenenfalls auch der Handwerkskammer und anderer Standesorganisationen, einzuholen. Es gelten die allgemeinen Grundsätze des Firmenrechts, also insbesondere die Vermeidung verwechslungsfähiger Firmen am Ort nach § 30 HGB und die Vermeidung von Wettbewerbsverstößen nach § 16 UWG. Daneben gibt es eine ausgedehnte Rspr. spezifisch zu den Problemen der Firma der GmbH (vgl. Scholz/Emmerich § 4 GmbHG).

c) Die Sachfirma der GmbH muß den **wesentlichen Tätigkeitsbereich** der GmbH für den Rechtsverkehr erkennen lassen. Soweit die gewählte Bezeichnung mit der Bezeichnung einer ganzen Branche übereinstimmt, ist ein individualisierender Zusatz erforderlich (OLG Hamm NJW 1961, 2018: „Transportbeton"; OLG Hamm DB 1977, 2179: „Industrie- und Baubedarf"). Als solcher individualisierender Zusatz kann entweder der Name eines Gesellschafters gewählt werden, wodurch dann eine gemischte Personen- und Sachfirma entsteht, oder ein Fantasiezusatz oder eine bloße Buchstabenkombination. Bestimmte Gegenstände als Sachfirmen sind gesetzlich geschützt. So darf sich als „Bank" oder „Sparkasse" nur ein konzessioniertes Kreditinstitut bezeichnen (§§ 39, 40 Kreditwesengesetz). Die Firmenbestandteile „Kapitalanlage", „Investment", „Investor" oder „Invest" dürfen nur von Kapitalanlagegesellschaften geführt werden (§ 6 Kapitalanlagegesellschaften-Gesetz). Wirtschaftsprüfungs- und Steuerberatungsgesellschaften müssen diesen Gegenstand in ihrer Firma führen (§ 31 Wirtschaftsprüferordnung, § 53 Steuerberatergesetz).

d) Zur Vermeidung einer Täuschung des Rechtsverkehrs im Sinne von § 18 Abs. 2 HGB muß sich regelmäßig aus der Sachfirma der GmbH ergeben, ob diese **Hersteller oder lediglich Vertreiber** der in der Firma bezeichneten Gegenstände ist. Die zusatzlose Bezeichnung der Gegenstände (z.B. Müller Büromaschinen GmbH) deutet dabei auf Herstellung hin, weshalb bei der reinen Vertriebs- oder Handelsgesellschaft ein entsprechender Zusatz erforderlich ist (z.B. Müller Büromaschinen, Handelsgesellschaft mbH). Entgegen der Praxis der meisten Registergerichte gilt dieser Grundsatz jedoch nicht uneingeschränkt (BGH WPM 1982, 585). Der Grundsatz, daß die alleinige Nennung einer Sache in der Firma eher auf die Erzeugung des Produktes hindeutet, gilt regelmäßig nur, wenn es sich um ein einziges oder mehrere gleichartige Objekte handelt, die üblicherweise in ein- und demselben Unternehmen hergestellt werden. Etwa bei einem Sortiment unterschiedlicher Waren aus verschiedenen Handwerkszweigen gilt nach Ansicht des BGH eine solche Vermutung nicht. Der BGH (aaO) hielt deshalb einen ausdrücklichen Hinweis auf die Vertriebstätigkeit bei der Firma „Schwarzwald H. Bauern-Spezialitäten Albert H. GmbH" nicht für erforderlich, die satzungsgemäß „die Herstellung und den Verkauf von Schwarzwälder (Bauern-)Spezialitäten, insbesondere von Schinken, Wurstwaren, Spirituosen und anderen Getränken, aber auch Feinkost- und Geschenkartikeln" zum Gegenstand hatte. Für die Praxis der Vertragsgestaltung ist aber weiterhin zu empfehlen, bei reinen Vertriebs- oder Handelsgesellschaften einen entsprechenden Zusatz in die Firma aufzunehmen.

e) Hat die Gesellschaft mehrere **verschiedene Unternehmensgegenstände,** so genügt es, aus einem dieser Gegenstände die Sachfirma zu bilden, wenn dieser Gegenstand im Verhältnis zu den anderen Gegenständen nicht völlig nebensächlich ist.

f) Mit der Zulassung **fremdsprachlicher Gegenstandsbezeichnungen** wird die Rspr. immer großzügiger (BayObLG DB 1978, 579: „Tele Promotion"; OLG Frankfurt BB 1979, 1118: „Non Food"; OLG Frankfurt DB 1983, 39: „Electronic Service"). Ein verkehrsbekanntes und eingeführtes **Warenzeichen** kann allein als Sachfirma genügen (Hachenburg/Ulmer § 4 GmbHG Rz. 19; Bartl/Henkes § 4 GmbHG Rz. 57).

g) Aus dem Grundsatz der Firmenwahrheit des § 18 Abs. 2 HGB ergibt sich, daß Sachzusätze nicht über Bedeutung, Umsatz und Einzugsbereich der Firma **täuschen** dürfen. Dies gilt vor allem für Zusätze wie „Werke", „Zentrale", „Center", „Haus", „Inter-" und „Euro-" (BayObLG BB 1973, 305; BGHZ 53, 339).

Nicht in jedem geographischen Firmenzusatz liegt allerdings eine Alleinstellungsbehauptung oder die Gefahr der Vortäuschung einer Alleinstellung. Dies hat der BGH (WM 1982, 585) zur Firma der „Schwarzwald H. Bauern-Spezialitäten Albert H. GmbH" entschieden. Die Bedeutung eines geographischen Zusatzes ist vielmehr nach den Umständen des Einzelfalles zu ermitteln. Die Landschaftsbezeichnung „Schwarzwald" könne und solle hier nur auf die Herkunft der Erzeugnisse hinweisen. Eine Alleinstellungsbehauptung sei nicht beabsichtigt und auch nicht anzunehmen.

Auch über die **Rechtsform** darf die Sachfirma nicht täuschen. Unzulässig sind deshalb in der Firma der GmbH alle Firmenbestandteile, die auf „-ag" enden (BGHZ 22, 88: „Intro Hag"; BayObLG DB 1978, 1269: „Drehbag").

h) Bei der **Personenfirma** genügt der Nachname eines Gesellschafters. Werden mehrere Gesellschafternamen in die Firma aufgenommen, so muß die Firma entweder die Namen aller Gesellschafter enthalten, oder wenn sie lediglich die Namen einzelner Gesellschafter enthält, einen Zusatz in die Firma aufnehmen, der auf das Vorhandensein weiterer Gesellschafter hindeutet (BGHZ 65, 89). Die Personenfirma einer aus den Gesellschaftern Müller, Meier und Schmidt bestehenden GmbH kann also entweder Müller GmbH, Meier GmbH, Schmidt GmbH oder Meier, Müller und Schmidt GmbH oder Meier und Müller und Co. GmbH, Meier, Schmidt und Co. GmbH oder Müller, Schmidt und Co. GmbH heißen. Eine Erweiterung der in der Literatur mit Recht angegriffenen Entscheidung BGHZ 65, 89 auf den Fall, daß bei der Zweimann-GmbH die Firma nur mit einem

Namen gebildet wird, wie sie nach der Zulassung der Einmann-GmbH teilweise gefordert wurde (Bartl/Henkes § 4 GmbHG Rz. 64; Roth § 4 GmbHG Anm. 4.1; Vollmer JA 1984, 333/338, lehnt das BayObLG (GmbHR 1985, 117) mit Recht ab. Es stützt sich dabei auf eine gutachtliche Stellungnahme des deutschen Industrie- und Handelstages, nach deren Ergebnis eine eindeutige Verkehrsauffassung dahin besteht, daß aus der Personenfirma einer GmbH heute keine Rückschlüsse auf die Zahl der Gesellschafter gezogen werden können. Nach Ansicht des Gutachtens entspricht damit auch die Entscheidung BGHZ 65, 89 nicht der Verkehrsauffassung.

Die GmbH kann den Namen eines Gesellschafters auch nach dessen Ausscheiden ohne dessen ausdrückliche Einwilligung beibehalten (BGHZ 58, 322). § 24 Abs. 2 HGB gilt für die GmbH nicht. Zulässig und in vielen Fällen erwägenswert ist aber die Satzungsbestimmung, daß das Recht der GmbH zur Führung des Namens eines Gesellschafters als Firmenbestandteil auf die Dauer der Zugehörigkeit dieses Gesellschafters zur GmbH beschränkt ist (BGH BB 1980, 1658).

i) Die Personenfirma der GmbH kann auch mit der **Firma einer anderen Handelsgesellschaft als Gesellschafterin** gebildet werden. Deren Rechtsformzusatz muß dann aber weggelassen werden. Auch in diesem Fall gilt jedoch der Grundsatz der Firmenwahrheit des § 18 Abs. 2 HGB. Zu Recht wies deshalb das BayObLG (DNotZ 1985, 92) die Eintragung der „Westdeutsche Treuhand GmbH" mit einem Stammkapital von 50000 DM ab, deren Gesellschafter die „Westdeutsche Treuhand Corporation" mit dem Sitz in Florida/USA war.

2. Der Sitz der GmbH

a) Die Angabe des Sitzes der Gesellschaft ist zwingender Inhalt des Gesellschaftsvertrages, § 3 Abs. 1 Nr. 1 GmbHG. Nach h. L. ist der GmbH die Wahl ihres Sitzes weitgehend freigestellt. § 5 Abs. 2 AktG, wonach der Sitz der Aktiengesellschaft regelmäßig der Ort der Geschäftsleitung ist, gilt für die GmbH nicht. Es genügt, wenn die Gesellschaft am statutarischen Sitz **postalisch erreichbar** ist (OLG Karlsruhe BB 1982, 852; BayObLG BB 1981, 870; BB 1982, 578; BB 1987, 1970). Nach Wessel (BB 1984, 1057) ist rechtliche Erreichbarkeit der GmbH erforderlich, insbesondere die Möglichkeit der Zustellung von Klagen, Ladungen, Urteilen an den Geschäftsführer nach § 171 Abs. 2 und 3 ZPO ersatzweise die Zustellung an einen im Geschäftslokal der GmbH anwesenden Bediensteten nach § 184 ZPO. Danach wären als Sitz nur zulässig der Ort des Geschäftslokals der GmbH, wo ein Geschäftsführer sein Büro hat, der Ort des Büros eines Geschäftsführers außerhalb der Betriebsstätte der GmbH, der Wohnsitz eines Geschäftsführers und der Ort einer Betriebsstätte. Ausscheiden würden insbesondere der Ort des Bürositzes eines Beraters der GmbH, der nicht zugleich Geschäftsführer ist und der Ort lediglich des Postfachs oder Briefkastens der GmbH.

b) Ein nachträgliches **Auseinanderfallen von statutarischem und tatsächlichem Sitz** führt nicht zur Nichtigkeit des statutarischen Sitzes und damit nicht zur Anwendung des § 144a FGG über die Amtsauflösung (BayObLG BB 1982, 578). Die Verlegung des statutarischen Sitzes erfordert eine Satzungsänderung nach § 53 GmbHG. Ein Doppelsitz kommt nur bei besonderen Umständen in Betracht (LG Hamburg DB 1973, 2237).

3. Der Gegenstand des Unternehmens

a) Der Gegenstand des Unternehmens ist nach § 3 Nr. 2 GmbHG zwingender Inhalt der Satzung. Seine Festsetzung dient einmal der Nachprüfung der Zulässigkeit des Gesellschaftszweckes durch das Registergericht, zum anderen dem Schutz der Gesellschafter vor Willkür der Geschäftsführer (BayObLG GmbHR 1976, 38), schließlich auch der Unterrichtung der Öffentlichkeit (OLG Hamburg GmbHR 1968, 118).

b) Die Registergerichte verlangen zunehmend die **Konkretisierung und Umgrenzung des Gegenstandes.** Vertragsklauseln wie „Handeln mit Waren aller Art" oder „Erledigung sämtlicher Dienstleistungen" werden beanstandet (Bartl/Henkes § 3 GmbHG Rz. 35). Der Wunsch nach Beurkundung derartig weitgefaßter Gegenstände entspringt dem Bestreben der Gesellschafter, sich ein möglichst weites geschäftliches Betätigungsfeld offen zu halten und spätere Satzungsänderungen zu vermeiden.

Nach dem insofern grundlegenden Beschluß des BGH vom 3. 11. 1980 (WPM 1981, 163) sind derartige weitgefaßte Klauseln jedoch überflüssig. Der BGH legt dar, daß § 3 Abs. 1 Nr. 2 GmbHG die Gesellschafter lediglich verpflichte, den Gegenstand des Unternehmens im Gesellschaftsvertrag so bestimmt anzugeben, daß der **Schwerpunkt der Geschäftstätigkeit** für die beteiligten Wirtschaftszweige hinreichend erkennbar werde. Eine noch weiterreichende Individualisierung bis in die letzten Einzelheiten der Geschäftsplanung hinein sei weder aus Gründen des Verkehrsschutzes noch dazu erforderlich, innergesellschaftlich das Tätigkeitsfeld der Geschäftsführer zu begrenzen. Das Unternehmen könne ein Interesse daran haben, seine Geschäftsentwicklung nicht durch eine zu eng gefaßte Bestimmung über den beabsichtigten Geschäftsbereich unnötig zu behindern. Auch die Wahrung von Betriebs- und Geschäftsgeheimnissen sei legitim. All dies rechtfertige es, die Anforderungen an die Angabe des Unternehmensgegenstandes nicht zu hoch zu schrauben (so auch Wallner JZ 1986, 721) und damit die Bezeichnung des Kernbereichs der Geschäftstätigkeit ausreichen zu lassen. Die Kautelarpraxis kann sich deshalb damit begnügen, lediglich den oder die Kernbereiche der Tätigkeit der GmbH konkret zu umschreiben, ohne daß dadurch die Gesellschaft vom Betreiben weiterer Unternehmensgegenstände ausgeschlossen wäre. Lediglich gegen eine GmbH, deren Gegenstand nicht oder nicht mehr mit einem tatsächlichen Geschäftsbereich übereinstimmt, kann das Registergericht nach § 144 Abs. 1 S. 2 FGG das Amtslöschungsverfahren betreiben (vgl. Scholz/Emmerich § 3 GmbHG Rz. 16). Eine Konkretisierung der neben dem eigentlichen Unternehmenszweck geplanten „Beteiligung an anderen Unternehmen" ist nicht erforderlich (OLG Frankfurt NJW-RR 1987, 287).

c) Bedarf der Gegenstand des Unternehmens der **staatlichen Genehmigung,** so ist die Genehmigungsurkunde der Anmeldung beizufügen, § 8 Abs. 1 Nr. 6 GmbHG. Genehmigungspflichtig sind insbesondere

- Betrieb von Gast- und Schankwirtschaften nach § 2 Gaststättengesetz,
- Betrieb eines Einzelhandelsgeschäfts nach § 3 Einzelhandelsgesetz,
- Betrieb einer Privatkrankenanstalt nach § 30 Gewerbeordnung,
- Betrieb von Spielhallen nach § 33i Gewerbeordnung,
- Betrieb von Kredit-, Effekten-, Depot- und Investmentgeschäften nach §§ 32, 43 Abs. 1 Kreditwesengesetz,
- entgeltliche Personenbeförderung nach § 2 Personenbeförderungsgesetz,
- Güternah- und Fernverkehr nach §§ 8, 80, 90 Güterverkehrsgesetz,
- Steuerberatung und Wirtschaftsprüfung nach §§ 17 Steuerberatungsgesetz und 1 Wirtschaftsprüferordnung,
- Vermittlung von Grundstücken, Räumen, Darlehen und ähnlichem nach § 34 Abs. 1 Nr. 1 Gewerbeordnung,
- Baubetreuung und Bauträgerschaft nach § 34c Abs. 1 Nr. 2 Gewerbeordnung (vgl. die Übersicht bei Bartl/Henkes § 8 GmbHG Rz. 170).

d) Die streitige Frage, ob die **Eintragung** einer ein Handwerk betreibenden GmbH **in die Handwerksrolle** Voraussetzung für die Eintragung der Gesellschaft in das Handelsregister ist, hat der BGH dahin entschieden, daß die Eintragung in die Handwerksrolle einer staatlichen Genehmigung nach § 8 Abs. 1 Nr. 6 GmbHG gleichzusetzen ist und daß es ihrer auch dann bedarf, wenn nur ein Teil des Unternehmensgegenstandes der

Handwerksordnung unterfällt (NJW 1988, 1087; s. auch Edenharter NJW 1988, 393). Für die Praxis bietet sich hier die Möglichkeit, die GmbH zunächst mit dem genehmigungsfreien Unternehmensteil einzutragen, dann die Eintragung zu betreiben und die Erweiterung des Unternehmensgegenstandes mittels Satzungsänderung einzutragen.

4. Stammkapital, Stammeinlagen

a) Stammkapital und Stammeinlagen sind im Gesellschaftsvertrag gesondert auszuweisen, § 3 Abs. 1 Nr. 3 und 4 GmbHG. Das **Stammkapital** muß nach § 5 GmbHG mindestens 50 000 DM betragen. Die Stammkapitalziffer erhält ihre Bedeutung aus den Kapitalerhaltungsvorschriften der §§ 30 und 31 GmbHG. Sie verbieten die Auszahlung des zur Erhaltung des Stammkapitals erforderlichen Vermögens an die Gesellschafter. Die Stammkapitalziffer ist erhalten, wenn in der Bilanz die Aktiva nach Abzug der Schulden mindestens die Stammkapitalziffer erreichen. Ist dies nicht der Fall, liegt also eine Unterbilanz vor, so dürfen Ausschüttungen an die Gesellschafter erst wieder erfolgen, wenn das Stammkapital aufgefüllt ist.

b) Die **Stammeinlage** jedes Gesellschafters muß in einem DM-Betrag ausgedrückt sein, mindestens 500,– DM betragen und durch 100 teilbar sein. Bei Errichtung der Gesellschaft kann jeder Gesellschafter nur einen Anteil übernehmen. Nach Errichtung kann er weitere Anteile erwerben. Die Stammeinlage kann in Geld oder als Sacheinlage durch sonstige vermögenswerte Leistungen erbracht werden.

Die **Unterscheidung zwischen Bareinlage und Sacheinlage** gehört zu den Grundlagen des GmbH-Rechts. Die Bareinlage ist in Geld zu leisten und kann nur in Geld geleistet werden. Sacheinlage ist jede Einlage, die auf die Stammeinlagepflicht anzurechnen ist und nicht in Geld zu leisten ist. Die nachträgliche Umwandlung einer Sacheinlage in eine Bareinlage ist möglich (RG JW 1934, 3196). Nicht möglich ist jedoch die Erfüllung einer Bareinlagepflicht durch eine Sacheinlage, auch nicht nach entsprechender Satzungsänderung (BayObLG 1978, 337). Soll eine beurkundete Bareinlagepflicht nicht in Geld, sondern durch sonstige Leistungen erbracht werden, so bleibt nur der Weg der Neugründung bzw. der Kapitalherabsetzung mit anschließender Kapitalerhöhung.

c) Verboten und höchst gefährlich für die Gesellschafter und ihre Berater ist die sog. **verschleierte Sacheinlage** (vgl. Langenfeld GmbHR 1981, 53; Carlé, GmbHR 1983, 203); Bergmann AG 1987, 57; Mildner, Bareinlage, Sacheinlage und ihre „Verschleierung" im Recht der GmbH, 1989). Angesichts der besonderen Anforderungen des Gesetzes an die Sachgründung verwundert es nicht, daß die Beteiligten häufig versuchen, die Sachgründungsvorschriften dadurch zu umgehen, daß sie Bareinlagen vereinbart, diese aber von vornherein durch andere Leistungen, also im Wege der Sacheinlage erbracht werden sollen. Der häufigste Fall ist bei Gründung der „Verkauf" von Gegenständen (Anlagevermögen, Betriebsteile, Teilbetriebe, Betriebe), die der Gesellschafter in die Gesellschaft einbringen soll, an die Gesellschaft, wobei dann entweder der Kaufpreis mit der Einlageverpflichtung „verrechnet" wird oder die Einlage zunächst in Geld eingezahlt, dann aber als „Kaufpreis" wieder zurückbezahlt wird. Bei der Kapitalerhöhung ist daneben der Fall häufig, daß Gesellschafterforderungen an die Gesellschaft, insbesondere Gesellschafterdarlehen, nicht durch Sacheinlage eingebracht werden, sondern mit Bareinlageverpflichtungen „verrechnet" werden.

Derartige verschleierte Sacheinlagen führen nicht zur Erfüllung der Einlageverpflichtung des Gesellschafters. Denn nach § 19 Abs. 5 GmbHG befreit eine Leistung auf die Stammeinlage, welche nicht in Geld besteht oder welche durch Aufrechnung einer für die Überlassung von Vermögensgegenständen zu gewährenden Vergütung bewirkt wird, den Gesellschafter von seiner Einlagepflicht nur, wenn sie in Ausführung einer Sacheinlageverpflichtung nach § 5 Abs. 4 S. 1 GmbHG erfolgt. Die Bareinzahlungspflicht des Gesellschafters bleibt unverändert bestehen, ohne daß er sich der GmbH gegenüber auf Verjährung oder Verwirkung berufen könnte (Ulmer GmbHR 1984, 256/257). Die Einlageforderung kann noch Jahrzehnte später vom pfändenden GmbH-Gläubiger oder vom Konkursverwalter im Konkurs der GmbH geltend gemacht werden. Daneben besteht die zivil- und strafrechtliche Haftung der Geschäftsführer nach §§ 9a Abs. 1, 57 Abs. 4, 82 Abs. 1 Nr. 1 und 3 GmbHG und bei Zusammenwirken aller Gesellschafter regelmäßig auch die gesamtschuldnerische Schadensersatzhaftung nach § 9a Abs. 2 GmbHG. Im Regreßwege haftet der Berater der GmbH (BGH WPM 1959, 1113 = DB 1959, 1028).

Jeder neu bestellte Konkursverwalter einer GmbH handelt pflichtwidrig, wenn er nicht die Einhaltung der Bareinzahlungspflichten überprüft. Die Gerichtsurteile zur Unzulässigkeit und zu den Rechtsfolgen verschleierter Sacheinlagen häufen sich (BGH WPM 1982, 787; GmbHR 1983, 194; OLG Hamburg GmbHR 1983, 157; OLG Frankfurt GmbHR 1983, 272; OLG Köln GmbHR 1985, 57; vgl. auch Spiegelberger MittBayNot 1985, 161/166).

Die Abgrenzung der verschleierten Sacheinlage von der im Ausnahmefall zulässigen Aufrechnung durch die Gesellschaft gehört zu den schwierigsten Problemen des GmbH-Rechts (Langenfeld GmbHR 1981, 53).

Die verschleierte Sacheinlage kann auch für den Erwerber eines GmbH-Anteils fatal sein, wie der Fall BGH WPM 1982, 787 zeigt. Hier nahm der Konkursverwalter im Konkurs der GmbH den Erwerber eines Geschäftsanteils auf dessen Einzahlung in Anspruch, nachdem der Gründungsgesellschafter seine Einlagen nicht, wie im Gesellschaftsvertrag vorgeschrieben, in Geld erbracht hatte. Der Erwerber hat den Geschäftsanteilsübernahmevertrag, in dem der Veräußerer die Volleinzahlung versichert hatte, wegen arglistiger Täuschung angefochten. Dies half ihm nichts. Nach Feststellung des BGH konnte sich der Erwerber nicht aus seiner Haftung nach § 16 GmbHG befreien und mußte den Geschäftsanteil voll an den Konkursverwalter zahlen, obwohl er bereits dem Veräußerer, der mittlerweile zahlungsunfähig war, den vollen Gegenwert gezahlt hatte. Im Ergebnis mußte der Erwerber also den Geschäftsanteil doppelt bezahlen, ohne hierfür einen Gegenwert zu erhalten.

5. Nachschüsse, Nebenleistungspflichten

a) Nach §§ 26 bis 28 GmbHG kann der Gesellschaftsvertrag bestimmen, daß die Gesellschafter über den Betrag der Stammeinlagen hinaus die Einforderung von weiteren Einzahlungen **(Nachschüssen)** beschließen. Von dieser Möglichkeit wird in der Praxis zu selten Gebrauch gemacht (Priester, Die Gestaltung von GmbH-Verträgen, 2. Aufl. 1983, 27). Denn Nachschußmöglichkeiten gewähren der Gesellschaft einen **zusätzlichen Eigenkapitalspielraum,** ohne daß die Formalitäten der Kapitalerhöhung oder Kapitalherabsetzung nach §§ 55 bis 58 GmbHG eingehalten werden müssen. Voraussetzung ist immer lediglich ein entsprechender Gesellschafterbeschluß. Praktisch empfehlenswert ist nicht die unbeschränkte Nachschußpflicht des § 27 GmbHG, sondern eine nach § 28 GmbHG beschränkte Nachschußpflicht, etwa auf einen bestimmten Betrag oder einen bestimmten Prozentsatz der ursprünglichen Stammkapitalziffer.

b) Nebenleistungspflichten, also über die Leistung der Stammeinlage hinausgehende Pflichten, sind bei der GmbH im Gegensatz zu § 55 AktG unbeschränkt zulässig. Sie können in Geldleistungen oder aber in sonstigem Tun oder Unterlassen bestehen (vgl. Scholz/Emmerich § 3 GmbHG Rz. 42 ff.). Vereinbart werden sie insbesondere in Familiengesellschaften, wo ihnen dann regelmäßig gesellschaftsvertragliche Sonderrechte gegenüberstehen.

V. Rechtsverhältnisse der Gesellschaft und der Gesellschafter

1. Die Gesellschafter der GmbH

Gesellschafter der GmbH kann **jede natürliche oder juristische Person** sein. Auch Personenhandelsgesellschaften, die Gesellschaft bürgerlichen Rechts, die Erbengemeinschaft und der nicht rechtsfähige Verein können Gesellschafter der GmbH sein (BGH GmbHR 1981, 181). **Ausländer,** deren Aufenthaltserlaubnis mit dem Gewerbesperrvermerk nach §§ 7 Abs. 3, 47 Abs. 1 Nr. 5 Ausländergesetz versehen ist, dürfen nicht beherrschende Gründungsgesellschafter einer GmbH sein (OLG Stuttgart Rpfleger 1984, 149). Der **Testamentsvollstrecker** kann sich nach h. L. nicht in dieser Eigenschaft an der Gründung der GmbH beteiligen (Scholz/Emmerich § 2 GmbHG Rz. 47; aA Hachenburg/ Ulmer § 2 GmbHG Rz. 28).

Minderjährige werden beim Vertragsabschluß durch den gesetzlichen Vertreter vertreten. Ist dieser selbst am Vertragsschluß beteiligt, so ist ein Ergänzungspfleger zu bestellen (§§ 1795, 1629, 1909 BGB). Bei mehreren beteiligten Minderjährigen muß jeder von ihnen einen eigenen Pfleger haben, Mehrvertretung ist nicht zulässig (Scholz/Emmerich § 2 GmbHG Rz. 42; str.). Ob die vormundschaftsgerichtliche Genehmigung erforderlich ist, ist höchstrichterlich noch nicht geklärt. Die Rspr. bejaht die Genehmigungspflicht für den Fall, daß die GmbH ein Erwerbsgeschäft betreibt (OLG Stuttgart GmbHR 1980, 102). Ob die Genehmigungspflicht dabei jeweils aus § 1822 Nr. 3 BGB oder § 1822 Nr. 10 BGB oder aus beiden Vorschriften folgt, ist ein mehr akademischer Streit. Für die Praxis empfiehlt es sich in jedem Fall, bei Beteiligung von Minderjährigen die vormundschaftsgerichtliche Genehmigung zu beantragen.

2. Gesellschafterversammlung

Die Gesellschafterversammlung ist als Beschlußorgan der Gesellschaft nach §§ 45 ff. GmbHG die Herrin der Gesellschaft. Ihre Befugnisse aus § 46 GmbHG können vertraglich erweitert oder eingeschränkt, z. B. auf einen oder einzelne Gesellschafter, den Gesellschafterausschuß oder den Aufsichtsrat übertragen werden (Einzelheiten bei Scholz/K. Schmidt § 46 GmbHG Rz. 2). Den Gesellschaftern muß jedoch ein Kernbereich an Überwachungs- und Kontrollzuständigkeiten erhalten bleiben (Scholz/ K. Schmidt § 46 GmbHG Rz. 2)

Nach § 51 Abs. 1 GmbHG erfolgt die Einberufung der Gesellschafterversammlung mittels eingeschriebener Briefe mit einer Frist von mindestens einer Woche. Die Satzung kann Abweichendes bestimmen, nicht jedoch von der Pflicht zur Ladung aller Gesellschafter befreien (Scholz/K. Schmidt § 51 GmbHG Rz. 12). Die Verlängerung der zu kurzen einwöchigen Frist ist meistens empfehlenswert.

Über **Ort und Leitung der Gesellschafterversammlung** enthält das Gesetz keine Bestimmungen. Hier sind vertragliche Regelungen zweckmäßig. Ebenso fehlen im Gesetz Vorschriften über die Beschlußfähigkeit. Die Satzung sollte Mindestanforderung aufstellen.

Die Stimmrechtsvollmacht ist in schriftlicher Form nachzuweisen, § 47 Abs. 3 GmbHG, wobei die Schriftform jedoch entgegen dem Gesetzeswortlaut nicht Wirksamkeitsvoraussetzung der Vollmacht ist (Scholz/K. Schmidt § 47 GmbHG Rz. 85). Der Kreis der möglichen Bevollmächtigten kann gesellschaftsvertraglich eingeschränkt werden.

Nach dem Gesetz werden die Gesellschafterbeschlüsse, soweit nicht wie z. B. nach § 53 Abs. 2 GmbHG bei der Satzungsänderung Sondervorschriften eingreifen, mit **einfacher Mehrheit** der abgegebenen Stimmen gefaßt, wobei je 100 DM eines Geschäftsanteils eine Stimme gewähren. Hier kann die Satzung Abweichendes regeln, z. B. Abstimmung nach Köpfen, Mehrfachstimmrechte und Geschäftsanteile ohne Stimmrecht vorsehen (Einzelheiten bei Scholz/K. Schmidt § 47 GmbHG Rz. 8 ff.). Das Stimmverbot des § 47 Abs. 4 GmbHG kann erweitert oder eingeschränkt werden. Häufig ist die Bestimmung, daß ein Gesellschafter auch bei Geschäften mit sich selbst stimmberechtigt sein soll. Umgekehrt wird oft bestimmt, daß ein Gesellschafter beim Beschluß über die Einziehung seines Anteils nicht mitstimmen darf.

Die **Protokollierung** der Beschlüsse der Gesellschafterversammlung ist bei der Einmann-GmbH nach § 48 Abs. 3 GmbHG zwingend, sonst ebenfalls zu empfehlen, wobei die im Muster **115a** (§ 7) enthaltene Richtigkeits- und Vollständigkeitsvermutung zweckmäßig ist (zu Einzelheiten Scholz/K. Schmidt § 48 GmbHG Rz. 54).

Beschlüsse können nach § 48 Abs. 2 GmbHG auch **schriftlich** gefaßt werden, wenn alle Gesellschafter hiermit einverstanden sind. Das schriftliche Verfahren kann durch die Satzung ausgeschlossen, aber auch erleichtert werden. So können auch Beschlüsse ohne Gesellschafterversammlung in **mündlicher** und **fernmündlicher Form** zugelassen werden (Scholz/K. Schmidt aaO Rz. 71 f.).

Für die **Anfechtung von Gesellschafterbeschlüssen** enthält das Gesetz keine Frist. Im Interesse der Rechtssicherheit ist eine gesellschaftsvertragliche Anfechtungsfrist dringend zu empfehlen.

3. Vinkulierungsmöglichkeiten

a) Nicht nur die Familien-GmbH ist durch ihre **personalistischen Elemente** gekennzeichnet. Die personalistisch strukturierte, durch einen kleinen Gesellschafterkreis und persönliches Vertrauensverhältnis der Gesellschafter untereinander gekennzeichnete GmbH ist heute der praktische Regelfall (Balz GmbHR 1985, 185). Besondere Bedeutung hat selbst die **satzungsmäßige Vorsorge für denkbare Konfliktfälle**. Zu Konflikten bis hin zur Bestandsgefährdung der GmbH können führen

- das Eindringen von Außenstehenden in die Gesellschaft durch rechtsgeschäftlichen Erwerb von Anteilen,
- das Eindringen von Gläubigern in die Gesellschaft bei Zwangsvollstreckung in den Geschäftsanteil, Gesellschafterkonkurs oder Vergleich,
- der erbrechtliche Anteilserwerb durch unerwünschte Erben,
- Störungen durch einen ungeeigneten oder sich gesellschaftsschädigend verhaltenden Gesellschafter und
- die Majorisierung eines austrittswilligen Gesellschafters.

Sachgerechte Vertragsgestaltung zur Lösung dieser Konfliktsfälle ist möglich und, da das Gesetz insofern unzulänglich ist und die Rspr. nur teilweise wie z.B. beim Austrittsrecht aus wichtigem Grund Auswege entwickelt hat, auch erforderlich. Dabei ist der Zusammenhang und das Zusammenspiel von Regelungszielen und Regelungsmöglichkeiten zu erkennen und in die Vertragsgestaltung umzusetzen.

b) Zunächst können in die Satzung **Abtretungs- und Belastungsbeschränkungen** aufgenommen werden (dazu unten Erl. 4 und Lessmann GmbHR 1985, 179). Sie verhindern die Abtretung und Belastung von Geschäftsanteilen ohne Zustimmung oder gegen den Willen der übrigen Gesellschafter. Jedoch kann und sollte man einen austrittswilligen Gesellschafter nicht halten. Als Ergänzung zur Genehmigungspflicht der Abtretung können deshalb **Vorkaufsrechte oder Ankaufsrechte** (näher unten Erl. 5) normiert werden, Vorkaufsrechte im Sinne von §§ 504 ff. BGB haben den Nachteil, daß sie nur zum vereinbarten Kaufpreis ausgeübt werden können. Günstiger für die Gesellschaft und die verbleibenden Gesellschafter, aber natürlich auch einschränkend für den austrittswilligen Gesellschafter sind deshalb Ankaufsrechte zu einem bestimmten, etwa der Abfindungsregelung entsprechenden Preis, die durch den Verkaufsfall oder die Anzeige der Abtretung ausgelöst werden können. **Austrittsrechte** geben dem Gesellschafter über die allgemein von der Rspr. zugestandenen Austrittsrechte hinaus oder in deren Konkretisierung die Möglichkeit, die GmbH zu verlassen. Ihnen stehen gegenüber **Aus-**

Langenfeld

schlußrechte der Gesellschaft, die ebenfalls der vertraglichen Konkretisierung bedürfen. Die Praxis bevorzugt hier die Einziehung beziehungsweise Abtretungsverpflichtungen bei Vorliegen der Voraussetzungen einer Einziehung.

c) Bei der Vertragsgestaltung ist das **Zusammenspiel der verschiedenen Möglichkeiten** zu beachten. Das Eindringen von Außenstehenden durch rechtsgeschäftlichen Erwerb verhindert die Abtretungsbeschränkung in der Form des Genehmigungserfordernisses. Entsprechende Belastungsbeschränkungen verhindern das Mitregieren von Gläubigern in der Gesellschaft. Läßt sich die Abtretung nicht vermeiden, so verhindern Vor- oder Ankaufsrechte das Eindringen Dritter. Gegen das Eindringen von Gläubigern in die Gesellschaft hilft letztlich nur die Einziehung. Abtretungspflichten, die neben der Einziehungsmöglichkeit immer vorgesehen werden sollten, wirken hier nicht. Unerwünschter erbrechtlicher Erwerb kann zwar nicht automatisch kraft Statuts, was nach richtiger Ansicht unzulässig ist (Priester GmbHR 1981, 206/208), verhindert werden, wohl aber durch Einziehungsbefugnisse und alternative Abtretungsverpflichtungen. Störungen durch ungeeignete oder gesellschaftsschädliche Gesellschafter beseitigt die Zwangseinziehung, die z. B. bei nicht vorhandener einschlägiger Berufsausbildung und generell auch wichtigem Grund in der Satzung zugelassen werden kann und wiederum alternativ durch Abtretungsverpflichtungen ergänzt werden kann. Die Majorisierung des austrittswilligen Gesellschafters vermeidet ein Austrittsrecht. Prüfstein der Zweckmäßigkeit, aber auch der Wirksamkeit aller Austritts- und Ausschlußrechte ist eine sachgerechte Abfindungsregelung (dazu unten Erl. 9).

4. Abtretungs- und Belastungsbeschränkungen

Nach § 15 Abs. 1 GmbHG sind GmbH-Geschäftsanteile frei veräußerlich. Lediglich die Veräußerung von Teilen eines Geschäftsanteils kann nach § 17 Abs. 1 GmbHG nur mit Genehmigung der Gesellschaft stattfinden. Weitergehende **Vinkulierungsklauseln** sind in der Praxis weitgehend üblich. Sie verhindern das Eindringen unliebsamer Dritter in die Gesellschaft. Bei kleinen Gesellschaften empfiehlt sich, die Zustimmung aller Gesellschafter zu verlangen. Soll eine Gesellschaftermehrheit entscheiden dürfen, so ist die Mehrheit genau zu bezeichnen. Der Veräußerungswillige kann in diesem Fall mitstimmen (BGH BB 1974, 431), soweit nicht die Satzung sein Stimmrecht ausschließt. Die Bestimmung, daß die Gesellschaft der Veräußerung zuzustimmen hat und daß die Geschäftsführer in vertretungsberechtigter Zahl die Zustimmung mitzuteilen haben, empfiehlt sich nur bei größeren Gesellschaften mit vielen Gesellschaftern.

Die Satzung kann vorsehen, daß in bestimmten Veräußerungsfällen, etwa bei der Veräußerung an Mitgesellschafter, Angehörige usw., keine Zustimmung erforderlich ist. Entsprechendes wie bei der Veräußerung gilt auch für Belastungsbeschränkungen.

5. Vorkaufs- und Ankaufsrechte

Als Ergänzung zu Abtretungs- und Belastungsbeschränkungen werden häufig Vorkaufs- oder Ankaufsrechte (vgl. Kap. 18 D) in die Satzung aufgenommen, wenn sich eine Veräußerung nicht vermeiden läßt. Der Gesellschaftsvertrag sollte dann das Verhältnis dieser Rechte zur erforderlichen Genehmigung regeln, etwa in dem Sinne, daß die Genehmigung nur wirksam wird, wenn der Anbietungspflicht genügt ist bzw. Vorkaufsrechte nicht ausgeübt werden. Vorkaufsrechte haben den Nachteil, daß sie nur im Verkaufsfall entstehen und zum vereinbarten Kaufpreis ausgeübt werden müssen. In jedem Fall sollte die zu kurze Wochenfrist des § 510 Abs. 2 Satz 1 BGB für die Ausübungserklärung verlängert werden. Wesentlich wirksamer, aber auch für den austrittswilligen Gesellschafter einschränkender sind Ankaufsrechte, die bei jedem Veräußerungsfall entstehen und für die dann die gesellschaftsvertragliche Bewertungsregelung vorgesehen wird.

6. Vererbungsbeschränkungen

Nach § 15 Abs. 1 GmbHG sind Geschäftsanteile einer GmbH vererblich. Der Gesellschaftsvertrag kann die Vererblichkeit nicht auschließen. Sehr streitig ist, ob eine mit dem Tod automatisch wirkende Einziehung des Geschäftsanteils vorgesehen werden kann (dazu Hachenburg/Schilling/Zutt § 15 GmbHG Rz. 5 mwN). Auf mehrere Erben geht der erebte Geschäftsanteil in Erbengemeinschaft über, nicht wie bei Personengesellschaften in Teilen im Wege der Sonderrechtsnachfolge. Der Vermächtnisnehmer, dem ein Geschäftsanteil zugewendet wurde, hat gemäß § 2174 BGB einen Anspruch gegen die Erben auf dessen Übertragung. Testamentsvollstreckung am GmbH-Anteil ist zulässig.

Vererbungsbeschränkungen kann der GmbH-Vertrag also nur in dem Sinne enthalten, daß das Behaltendürfen des Geschäftsanteils durch den oder die Erben geregelt wird (vgl. Lessmann GmbHR 1986, 409). So kann bestimmt werden, daß in jedem Erbfall der vererbte Geschäftsanteil der Einziehung unterliegt oder an die Gesellschaft oder die Gesellschafter abzutreten ist. Weiterhin kann bestimmt werden, daß nur bestimmte Erben, etwa Ehegatten und Abkömmlinge oder Erben mit bestimmter beruflicher Qualifikation, den Erbteil behalten dürfen. Bei einer erbrechtlichen Nachfolgeklausel in dem Sinne, daß nur bestimmte nachfolgeberechtigte Erben den ererbten Geschäftsanteil behalten dürfen, während sonstige Erben die Einziehung dulden müssen oder zur Abtretung verpflichtet sind, können sich Auslegungsprobleme ergeben, wenn der Geschäftsanteil einer Erbengemeinschaft anfällt, der teils nachfolgeberechtigte, teils nicht nachfolgeberechtigte Erben angehören (BGH GmbHR 1985, 150). Es dürfte sich empfehlen, in der Satzung zuzulassen, daß der im Nachlaß befindliche Geschäftsanteil im Wege der Erbauseinandersetzung auf die nachfolgeberechtigten Erben übertragen wird und die Einziehung bzw. Abtretungsverpflichtung nur dann eintritt, wenn eine solche Erbauseinandersetzung innerhalb angemessener Frist nicht zustande kommt.

7. Kündigung und Austritt eines Gesellschafters

Eine Kündigung der Gesellschaft wie bei den Personengesellschaften (§ 723 BGB, § 132 HGB) kennt das Recht der GmbH nicht. Die Satzung kann die Kündigung als einen Auflösungsgrund im Sinne von § 60 Abs. 2 GmbHG vorsehen, was aber unzweckmäßig ist. Beim Schweigen der Satzung gewährt die Rspr. dem austrittswilligen Gesellschafter das allgemeine, bei allen Dauerrechtsverhältnissen gegebene Austrittsrecht aus wichtigem Grund (Scholz/Winter § 15 GmbHG Rz. 114 ff. mwN). Die Satzung kann in dessen Konkretisierung ein allgemeines oder auf bestimmte Gründe beschränktes Austrittsrecht, zweckmäßigerweise mit Ausübungsfrist auf bestimmte Termine, z. B. das Ende des Geschäftsjahres, vorsehen. Es ist dann zu bestimmen, was mit dem Geschäftsanteil des Ausscheidenden geschieht. Hier empfiehlt sich die Abtretungsverpflichtung, hilfsweise die Einziehung, beides gegen die vertraglich vorgesehene Abfindung. Ihr muß die Verpflichtung der Gesellschaft oder der übrigen Gesellschafter gegenüberstehen, den Geschäftsanteil des Austretenden einzuziehen bzw. zu erwerben. Der Gesellschafter behält seinen GmbH-Anteil, bis dieser übertragen oder eingezogen ist. Während die bisher h. L. für den Zeitraum zwischen Kündigung und Verlust des GmbH-Anteils von einem Ruhen der Gesellschafterrechte ausging, nimmt der BGH jetzt ein Ruhen des Stimmrechts bis zum Ausscheiden des Gesellschafters nur dann an, wenn die Satzung dies vorsieht (ZIP 1983, 1444 = DNotZ 1985, 89). Vom Standpunkt der verbleibenden Gesellschafter aus ist deshalb eine Satzungsklausel des Inhalts, daß vom Stichtag der Kündigung an alle Gesellschafterrechte ruhen, zweckmäßig. Der BGH stützt allerdings seine Entscheidung vor allem auf das Interesse des ausscheidenden Gesellschafters, seine Vermögensinteressen insbesondere im Hinblick auf die Abfindung und seine fortbestehende Haftung weiter wahrnehmen zu können. Der völlige Ausschluß der Mitgliedschaftsrechte könne im Hinblick hierauf unangemessen sein.

Langenfeld

8. Ausschließung eines Gesellschafters, Einziehung

a) Als Gegenstück zum Austrittsrecht eines Gesellschafters aus wichtigem Grund hat die Gesellschaft auch ohne ausdrückliche Regelung im Gesellschaftsvertrag das Recht, Gesellschafter aus wichtigem Grund **auszuschließen.** Die Durchführung ist streitig und ungeklärt. Besondere Probleme bestehen in der Zwei-Personen-GmbH (BGH ZIP 1981, 985). Einen Sonderfall bildet die praktisch bedeutungslose Kaduzierung nach §§ 21 bis 25 GmbHG. Der Gesellschaftsvertrag regelt die Auschließung aus wichtigem Grund zweckmäßigerweise in der Form der Einziehung mit hilfsweiser Abtretungsverpflichtung.

b) Die **Einziehung (Amortisation)** von Geschäftsanteilen darf nur erfolgen, wenn sie im Gesellschaftsvertrag zugelassen ist, § 34 GmbHG. Die Einziehung ohne Zustimmung des Anteilsberechtigten findet nach § 34 GmbHG nur bei Festsetzung ihrer Voraussetzungen im Gesellschaftsvertrag statt. Anerkannt sind als Entziehungsgründe erbrechtlicher Anfall an gesellschaftsvertraglich nicht erbberechtigte Personen, Zwangsvollstreckung in den GmbH-Anteilen, Konkurs oder Vergleich über das Vermögen des Gesellschafters, Austritt des Gesellschafters sowie ein sonstiger wichtiger Grund in der Person des Gesellschafters, der seinen Ausschluß rechtfertigen würde.

Die Einziehung erfolgt durch Gesellschafterbeschluß und vernichtet den Anteil unmittelbar (BGH GmbHR 1978, 131; zu Einzelheiten Paulick GmbHR 1978, 121 und Hohner GmbHR 1978, 241). Der Gesellschafter scheidet mit Einziehung des Anteils aus der Gesellschaft aus, da seiner Mitgliedschaft die Grundlage entzogen ist. Die Stammkapitalziffer und das zu erhaltende Stammkapital bleiben unberührt, §§ 34 Abs. 3, 30 Abs. 1, 58 GmbHG. Die Summe der Geschäftsanteile entspricht nicht mehr der Stammkapitalziffer. Die auf den eingezogenen Geschäftsanteil entfallende Beteiligung am Gesellschaftsvermögen wächst den übrigen Gesellschaftern entsprechend ihrer Beteiligung an. Mit dem eingezogenen Geschäftsanteil gehen auch die mit ihm verbundenen Stimmrechte unter. Die verbleibenden Stimmrechte erführen eine Aufwertung. Der ausscheidende Gesellschafter hat Anspruch auf Abfindung in Höhe des wirklichen Wertes seiner Beteiligung, soweit nicht der Gesellschaftsvertrag eine andere zulässige Abfindungsregelung enthält. Richtiger Ansicht nach ist die Einziehung unabhängig vom Streit über die Höhe der Abfindung wirksam (Sachs GmbHR 1976, 60; wohl auch BGH MDR 1984, 123).

Voraussetzung der Einziehung ist neben ihrer Zulassung im Gesellschaftsvertrag die Volleinzahlung des Anteils und ein Bilanzvermögen der Gesellschaft, das die Zahlung des Einziehungsentgelts ohne Antastung des Stammkapitals erlaubt, also ein entsprechender Bilanzüberschuß (§ 34 Abs. 3 GmbHG; vgl. Hachenburg/Hohner § 34 GmbHG Rz. 37 ff.). Zweckmäßig ist daher immer, alternative Abtretungspflichten neben der Einziehungsbefugnis vorzusehen, falls die gesetzlichen Voraussetzungen der Einziehung nicht vorliegen oder die Einziehung unzweckmäßig ist. Auch derartige Abtretungsverpflichtungen sind richtiger Ansicht nach konkursfest (Ulmer ZHR 149 [1985], 28/35 ff.). Das Abtretungsverfahren kann dadurch beschleunigt werden, daß die Satzung die übrigen Gesellschafter zur Abtretung des GmbH-Anteils des ausgeschlossenen Gesellschafters ermächtigt (BGH MDR 1984, 123).

9. Abfindung ausscheidender Gesellschafter

In allen Fällen des Ausscheidens eines Gesellschafters bei Fortbestehen der GmbH steht dem Gesellschafter eine Abfindung für den Verlust seiner Mitgliedschaft zu, wenn sein Geschäftsanteil einbezogen wird oder auf andere Gesellschafter oder Dritte zu übertragen ist. Im Recht der Personengesellschaften ergibt sich der gesetzliche Abfindungsanspruch aus § 738 Abs. 1 BGB. Danach steht dem Gesellschafter eine Abfindung in voller Höhe des Wertes seiner Mitgliedschaft zu. Entgegen dem Wortlaut der Vorschrift ist dabei nicht von der Auseinandersetzung, sondern der Fortsetzung der Gesellschaft auszugehen (BGHZ 17, 130/136). Maßgeblich ist regelmäßig der Ertragswert, nicht der Substanzwert (BGH NJW 1985, 192/193). Der Ausscheidende ist am Ergebnis schwebender Geschäfte zu beteiligen, § 740 BGB.

Die Kautelarpraxis hat sowohl im Recht der Personengesellschaften als auch der GmbH gesellschaftsvertragliche Abfindungsregelungen entwickelt, die weithin üblich sind. Angestrebt werden dabei einmal der Schutz des Unternehmens vor betriebswirtschaftlich nachteiligem Kapitalabfluß (**Erhaltungsinteresse** der Gesellschaft), zum anderen die Erleichterung, Verbilligung und Beschleunigung des Abfindungsverfahrens (**Vereinfachungsinteresse** der Gesellschaft und des ausscheidenden Gesellschafters). Diesen Interessen stehen gegenüber die Interessen des Gesellschafters oder seiner Erben an möglichst vollwertiger Abfindung.

b) Die größte Verbreitung hat die **Buchwertklausel** gefunden, nach der der ausscheidende Gesellschafter seinen buchmäßigen Kapitalanteil zuzüglich anteiliger offener Rücklagen und Gewinnvortrag sowie abzüglich eines anteiligen etwaigen Verlustvortrages erhält (BGH DB 1978, 1971). Damit ist die Berücksichtigung stiller Reserven und des Firmenwertes ausgeschlossen. Die Bilanzwerte einschließlich der offenen Rücklagen und aller als Rücklagen ausgewiesenen Posten werden dagegen voll ausgeschöpft. Meist wird die Bilanz des abgelaufenen Geschäftsjahres für maßgeblich erklärt und weiterhin bestimmt, daß eine nachträgliche Änderung der Bilanz etwa anläßlich einer Betriebsprüfung auf die Abfindung keine Auswirkung haben soll. Mit der Buchwertklausel wird meist die Bestimmung verbunden, daß der ausscheidende Gesellschafter an den schwebenden Geschäften der Gesellschaft entgegen § 740 BGB nicht teilhaben soll. Weiterhin sind Auszahlungsvereinbarungen üblich, nach denen das Abfindungsguthaben des Gesellschafters nicht sofort, sondern nur in Raten und unter Umständen in längeren Zeiträumen fällig wird. Daneben kann die Verzinsung der Raten geregelt werden.

Eine neuere Rspr. des BGH stellt die **Zulässigkeit derartiger Abfindungsklauseln** in Frage. Der BGH hat Abfindungsklauseln bei zwei Fallgruppen im Ergebnis die Wirksamkeit versagt. Es handelte sich einmal um den Ausschluß von Gesellschaftern ohne wichtigen Grund aus der Personengesellschaft (BGH WPM 1962, 462; NJW 1973, 651; NJW 1979, 104; dazu Ulmer NJW 1979, 81; Flume NJW 1979, 902; Esch NJW 1979, 1390), zum anderen um die Kündigung durch den Gesellschafter selbst (BGH NJW 1985, 192). In letzterem Falle sieht der BGH die Buchwertklausel als unzulässig an, wenn sie aufgrund wirtschaftlich nachteiliger Folgen, insbesondere wegen eines Mißverhältnisses zwischen Buchwert und wirklichem Wert, die Freiheit des Gesellschafters unvertretbar einengt, sich zu einer Kündigung zu entschließen. Hierin liegt dann eine nach § 723 Abs. 3 BGB unzulässige Kündigungsbeschränkung. Es ergibt sich damit die für den Kautelarjuristen bedrohliche Möglichkeit, daß eine im Zeitpunkt ihrer Vereinbarung rechtmäßige Buchwertklausel infolge Zeitablaufs unzulässig wird.

Die Reaktion des Schrifttums auf diese Rspr. des BGH erscheint dennoch weitgehend überzogen. Es wird nicht genügend berücksichtigt, daß der BGH (NJW 1985, 192) die Buchwertklausel grds. weiterhin für zulässig hält (vgl. aus der Literatur noch Heckelmann, Abfindungsklauseln, 1973; Soufleros, Ausschließung und Abfindung eines GmbH-Gesellschafters, 1983; Schilling ZGR 1979, 429; Hirtz BB 1981, 764; Huber ZGR 1980, 213; Hennerkes/Binz NJW 1983, 76; Rasner NJW 1983, 2905; Bunte ZIP 1983, 8; Balz GmbHR 1983, 185; Geßler GmbHR 1984, 29; Koller DB 1984, 545; Reinicke/Tiedtke DB 1984, 703; Rittstieg DB 1985, 2285; Hofbauer Wirtschaftsprüfung 1985, 97/134; van Randenborgh MittRhNotK 1984, 133 und BB 1986, 75; Engel NJW 1986, 345; Langenfeld/Gail, Handbuch der Familienunternehmen I Rz. 32 ff.).

c) Soweit die Kautelarpraxis nicht ganz auf die Vereinbarung des „Stuttgarter Verfahrens" ausweicht (so die Empfehlung von van Randenborgh aaO mit Klauselvorschlägen in MittRhNotK 1984, 133/138; vgl. auch BGH GmbHR 1986, 425), empfiehlt sich die **Differenzierung nach den einzelnen Ausscheidenstatbeständen** (Geßler GmbHR 1984, 29/34; Engel NJW 1986, 345/348). Als Ausscheidenstatbestände kommen in Betracht der Ausschluß von Gesellschaftern aus wichtigem Grund (schuldhaftes Verhalten des Gesellschafters, sonstige gleichstehende Gründe, Konkurs- oder Vergleichsverfahren oder Zwangsvollstreckung in sein Vermögen), der Ausschluß des Gesellschafters ohne wichtigen Grund (Hinauskündigen), der Austritt eines Gesellschafters aus wichtigem Grund (wegen unzumutbaren Verhaltens anderer Gesellschafter, der Lage der Gesellschaft, persönlicher Gründe oder der eigenen wirtschaftlichen Lage), der Austritt eines Gesellschafters ohne wichtigen Grund bei satzungsmäßig zugelassener Kündigung und das Ausscheiden von Erben des Gesellschafters beim Tod eines Gesellschafters.

Von der Buchwertklausel sollte abgesehen werden bei Ausscheiden durch Hinauskündigen ohne wichtigen Grund und bei Austritt aus wichtigem Grund wegen unzumutbaren Verhaltens der anderen Gesellschafter. Bei allen anderen Ausscheidensgründen bleibt die Buchwertklausel weiterhin zulässig. Dies gilt insbesondere beim Zugriff von Eigengläubigern des Gesellschafters auf dessen Gesellschaftsanteil, soweit die Abfindungsbeschränkung nicht nur für diesen Fall vorgesehen ist (BGH NJW 1975, 1835/1837) und beim Ausscheiden durch Tod, sofern für alle Gesellschafter dieselbe Abfindungsbeschränkung gilt (BGHZ 22, 187/194). Eine derartige eingeschränkte Buchwertklausel steht allerdings insgesamt unter dem Vorbehalt des § 242 BGB; wobei nach der Rspr. des Bundesgerichtshofs der Zeitpunkt des Ausscheidens maßgeblich ist (Geßler GmbHR 1984, 29/35). Etwaigen Bedenken der Registergerichte kann mit einer Klausel des Inhalts, daß dann, wenn auf Grund zwingenden Rechts eine höhere Abfindung geschuldet wird, diese zu zahlen ist, begegnet werden.

10. Beirat und Aufsichtsrat

In Anlehnung an das Recht der Aktiengesellschaft (§§ 95 f. AktG) kann auch bei anderen Gesellschaften, insbesondere der GmbH, ein **Beirat** oder **fakultativer Aufsichtsrat** eingerichtet werden. Neben der Aufsichtsfunktion kann er auch insbesondere bei Familiengesellschaft zum Ausgleich zwischen verschieden gerichteten Interessen etwa einzelner Familienstämme beitragen und der Gesellschaft bei Pattsituationen den Rat und die Entscheidungsbefugnis Außenstehender sichern.

Zu Einzelheiten vgl. Hölters, Der Beirat der GmbH und GmbH & Co. KG, 1979.

GmbH mit einer ständigen Belegschaft von über 500 Arbeitnehmern müssen gemäß **§ 77 Abs. 1 Satz 1 BetrVG** 1952 einen Aufsichtsrat haben, wenn eine Ausnahme nach §§ 81, 85 Abs. 2 BetrVG 1952 nicht Platz greift.

Für die Zusammensetzung und Amtszeit, die Rechte und Pflichten des Aufsichtsrates, die Bestellung und Abberufung der Aufsichtsratsmitglieder sowie die Verfahrensweise des Aufsichtsrates verweist § 57 Abs. 1 S. 2 BetrVG auf die entsprechenden Bestimmungen des Aktiengesetzes. Die hiernach entsprechend anwendbaren Vorschriften des Aktiengesetzes sind für die GmbH insofern zwingend, als der Gesellschaftsvertrag Rechte und Pflichten des Aufsichtsrates nicht einschränken kann (Hachenburg/Schilling § 52 GmbHG Rz. 10, 53 ff.). Der Aufsichtsrat hat die Geschäftsführung zu überwachen. Er kann die Gesellschafterversammlung einberufen und bestimmte Geschäfte von seiner Zustimmung abhängig machen. Herr der Gesellschaft und deren oberstes Organ bleibt jedoch die Gesellschafterversammlung. Sie kann z. B. durch einfachen Beschluß die nicht erteilte Zustimmung des Aufsichtsrates überspielen. Die Geschäftsführer werden von ihr gewählt und angestellt (Hachenburg/Schilling aaO Rz. 9). Für die Formulierung der entsprechenden Satzungsbestimmung bei einer dem Betriebsverfassungsgesetz unterliegenden Gesellschaft empfiehlt sich das folgende einfache **Muster:**

„Die Gesellschaft hat einen Aufsichtsrat von drei Mitgliedern, deren Wahl, Rechte und Pflichten sich nach dem Betriebsverfassungsgesetz 1952 bestimmen. Der Aufsichtsrat gibt sich seine Geschäftsordnung selbst. Seine Mitglieder erhalten eine jährliche Vergütung, die durch Beschluß der Gesellschafter festgesetzt wird."

Ein **paritätisch besetzter Aufsichtsrat** ist obligatorisch bei Gesellschaften, die dem **Mitbestimmungsgesetz** unterliegen. Dies sind Gesellschaften mit über 2000 Arbeitnehmern. Das Mitbestimmungsgesetz schränkt die gesellschaftsvertragliche Gestaltungsfreiheit der Gesellschafter erheblich ein. Die Gesellschaft muß einen paritätisch besetzten Aufsichtsrat haben. Dieser wählt und bestellt die Geschäftsführer und ruft sie ab. Die Geschäftsführer dürfen nur für fünf Jahre bestellt werden. Einer von ihnen muß ein **Arbeitsdirektor** sein. Dieser ist zwingend für das Personal- und Sozialwesen zuständig. Auch in der mitbestimmten GmbH ist die Gesellschafterversammlung Herr der Gesellschaft. Die Einzelheiten des Verhältnisses der Gesellschaft zum Aufsichtsrat sind jedoch noch teilweise höchst streitig.

VI. Geschäftsführung und Vertretung

1. Als juristische Person wird die GmbH im Rechtsverkehr durch den oder die **Geschäftsführer** organschaftlich vertreten, §§ 6, 35 GmbHG. Die Vertretung erfolgt, wenn nur ein Geschäftsführer vorhanden ist, zwingend durch diesen allein. Mehrere Geschäftsführer vertreten nach § 35 Abs. 2 GmbHG gemeinsam. Die im Muster **115a** vorgesehene Vertretungsregelung, nach der im Regelfall die Gesellschaft durch je zwei Geschäftsführer oder einen Geschäftsführer in Gemeinschaft mit einem Prokuristen vertreten wird und jedem Geschäftsführer Alleinvertretungsbefugnis erteilt werden kann, hat sich in der Praxis als zweckmäßig erwiesen und kann grds. in jeden Gesellschaftsvertrag aufgenommen werden. Der Gesellschafterversammlung verbleibt hier die Möglichkeit zu individueller Regelung der Vertretungsbefugnis.

2. Die **Vertretungsbefugnis** im Außenverhältnis ist nicht beschränkbar, auch dann nicht, wenn der Geschäftspartner die Beschränkung kennt. Auch der nach § 44 GmbHG mögliche, im Handelsregister als solcher eintragungsfähige stellvertretende Geschäftsführer hat nach außen volle Vertretungsmacht. Im Innenverhältnis zur Gesellschaft macht er sich schadensersatzpflichtig, wenn er nicht lediglich im Vertretungsfall handelt. Für das Innenverhältnis zwischen Geschäftsführer und Gesellschaftern gilt mangels abweichender vertraglicher Gestaltung, daß die Gesellschafter die Herren der Gesellschaft sind. An die Weisungen der Gesellschafterversammlung ist der Geschäftsführer gebunden. Verstößt er gegen sie, macht er sich schadensersatzpflichtig.

3. Die **Geschäftsführungsbefugnis** der Geschäftsführer umfaßt alle Maßnahmen im Rahmen des gewöhnlichen Geschäftsbetriebes, bestimmt durch den Gegenstand des Unternehmens. In der Satzung, oder zweckmäßigerweise besser im Geschäftsführervertrag, können Kataloge der Geschäfte aufgestellt werden, bei denen der Geschäftsführer in jedem Fall der vorherigen Zustimmung der Gesellschafterversammlung bedarf.

4. Die **Zahl der Geschäftsführer** ist nach oben nicht beschränkt. Bei der mitbestimmten GmbH müssen nach § 33 Mitbestimmungsgesetz mindestens zwei Geschäftsführer vorhanden sein, da der Arbeitsdirektor die Stellung eines Geschäftsführers haben muß.

5. Die **Bestellung der Geschäftsführer** erfolgt vor Eintragung der GmbH im Gesellschaftsvertrag, § 6 Abs. 3 S. 2 GmbHG, zweckmäßigerweise im Protokollmantel, nach Eintragung durch einfachen Gesellschafterbeschluß, § 46 Nr. 5 GmbHG. Die Satzung kann die Bestellung der Geschäftsführer auch einem einzelnen Gesellschafter oder dem Aufsichtsrat zuweisen. Ob ein Dritter die Befugnis zur Bestellung der Geschäftsführer erhalten kann, ist streitig (Scholz/K. Schmidt GmbHG § 46 Rz. 15), wohl aber zu verneinen. Bei der mitbestimmten GmbH erfolgt die Bestellung der Geschäftsführer durch den Aufsichtsrat, § 31 Mitbestimmungsgesetz. Von der Bestellung des Geschäftsführers als Organ der GmbH ist dessen dienstvertragliche Anstellung zu unterscheiden, die durch Abschluß des Anstellungsvertrages erfolgt; vgl. Kapitel 117.

6. Nach § 6 Abs. 2 GmbHG müssen die Geschäftsführer **unbeschränkt geschäftsfähige natürliche Personen** sein. Sie dürfen weder wegen eines Konkursdeliktes vorbestraft sein, noch darf gegen sie ein Berufs- oder Gewerbeverbot eines Gerichts oder einer Behörde bestehen. Auch Ausländer können Geschäftsführer sein. Ob das Registergericht das Vorliegen ausländerrechtlicher Genehmigungen zu prüfen hat, ist streitig (bejahend LG Köln GmbHR 1983, 48; verneinend LG Braunschweig DB 1983, 706 und Miller DB 1983, 977).

7. Die Befreiung eines GmbH–Geschäftsführers von dem Verbot, Geschäfte der GmbH mit sich selbst abzuschließen, ist im Handelsregister einzutragen (BGHZ 87, 59/60; BayObLG GmbHR 1985, 116). Die **Befreiung von § 181 BGB** erfolgt durch Gesellschafterbeschluß. Dieser bedarf in jedem Fall der Ermächtigung in der Satzung (BayObLG DB 1980, 2029; OLG Frankfurt BB 1983, 275). Die Satzungsermächtigung der Gesellschafterversammlung zur Befreiung von Selbstkontrahierungsverbot bedarf der Anmeldung und Eintragung nicht (BayObLG DB 1982, 689). Die Satzung kann aber auch direkt einzelne oder alle Gesellschafter vom Selbstkontrahierungsverbot befreien. Dann ist ein zusätzlicher Gesellschafterbeschluß nicht mehr erforderlich. Die satzungsmäßige Befreiung ist zur Eintragung anzumelden.

Entsprechendes gilt bei der **Einmann-GmbH.** Die GmbH–Novelle hat entgegen der bisherigen Rechtslage (BGHZ 56, 97) in § 35 Abs. 4 GmbHG die Vertretungsmacht des alleinigen Gesellschafters und Geschäftsführers ebenso gemäß § 181 BGB eingeschränkt, wie dies beim Geschäftsführer einer mehrgliedrigen GmbH der Fall ist, dem nicht generell durch die Satzung oder aufgrund Satzungsermächtigung durch Gesellschafterbeschluß Befreiung erteilt wurde. Auch die Befreiung des alleinigen Gesellschafters und Geschäftsführers von § 181 BGB bedarf damit der Satzungsbestimmung, bei Satzungsermächtigung des Gesellschafterbeschlusses und der Eintragung in das Handelsregister (BGHZ 87, 59). Der Einmanngesellschafter kann sich aber aufgrund entsprechender Satzungsermächtigung selbst von den Beschränkungen des § 181 BGB durch schriftlichen Gesellschafterbeschluß befreien, ohne daß diesem Beschluß wiederum das Verbot des Selbstkontrahierens entgegenstünde (BayObLG GmbHR 1985, 116). Die einem bestimmten Geschäftsführer einer mehrgliedrigen GmbH durch die Satzung erteilte und im Handelsregister eingetragene Befreiung von den Beschränkungen des § 181 BGB erlischt, wenn eine Einmann-GmbH entstanden ist, deren Alleingesellschafter dieser Geschäftsführer ist (BayObLG GmbHR 1987, 428). Entsprechende Grundsätze gelten für den Liquidator (BayObLG GmbHR 1985, 392).

Nicht wirksam beschlossen und eingetragen werden kann die Satzungsklausel, daß der Geschäftsführer, der zugleich Alleingesellschafter ist, immer von den Beschränkungen des § 181 BGB befreit ist (BGHZ 87, 59). Da das Handelsregister über die Zahl der Gesellschafter nichts aussagt, würde sich aufgrund der Eintragung im Register allein nicht ergeben, ob der Geschäftsführer von § 181 BGB befreit ist oder nicht.

Mängel im Verfahren der Befreiung eines Gesellschafters vom Selbstkontrahierungsverbot des § 181 BGB können **steuerschädlich** sein (Heinemann GmbHR 1985, 176). Vereinbarungen zwischen den beherrschenden geschäftsführenden Gesellschaftern und der GmbH werden steuerlich nur anerkannt, wenn es sich um Abreden handelt, die klar, eindeutig, zeitgerecht vereinbart und durchgeführt werden und zivilrechtlich gültig zustande gekommen sind. Unschädlich dürfte es deshalb sein, wenn die Befreiung wirksam vereinbart wurde und lediglich nicht im Handelsregister eingetragen wurde. Steuerschädlich ist aber wohl der zivilrechtliche Mangel, daß lediglich ein Gesellschafterbeschluß über die Befreiung ohne entsprechende Satzungsermächtigung vorliegt. Hier kann die Finanzverwaltung insbesondere den Anstellungsvertrag einschließlich der Pensionszusage als unwirksam ansehen (Heinemann aaO).

Gerichtlich noch nicht geklärt ist die Frage, ob nur die generelle Befreiung vom Selbstkontrahierungsverbot des § 181 BGB eintragungsfähig und eintragungspflichtig ist oder auch **teilweise Befreiungen** eintragungsfähig sind. Denn während die Vertretungsbefugnis im Außenverhältnis nicht eingeschränkt werden kann, kann die Befreiung von § 181 BGB zivilrechtlich mit Außenwirkung nicht nur allgemein für alle Rechtsgeschäfte, sondern auch beschränkt erteilt werden, etwa nur für ein einzelnes Rechtsgeschäft, für eine bestimmte Gruppe jeder Art von Rechtsgeschäften, für Rechtsgeschäfte mit bestimmten Geschäftspartnern (etwa anderen Firmen derselben Firmengruppe, die der Geschäftsführer ebenfalls vertritt, Konzernbefreiung) und Ähnliches. Die bisherige Rspr. (LG Berlin RPfleger 1981, 309) und die Praxis der Registergerichte stehen aus Gründen der Klarheit und Übersichtlichkeit des Handelsregisters der Eintragung eingeschränkter Befreiungen ablehnend gegenüber, ohne allerdings wohl die zivilrechtlichen, steuerlichen und wirtschaftlichen Folgen von Ablehnungsverfügungen zu bedenken. Zwar sollen Eintragungen im Handelsregister möglichst einfach und aussagekräftig sein, jedoch kann zivilrechtlich möglichen Gestaltungen die Eintragung nicht verwehrt werden. Die Eintragungspflichtigkeit und Eintragungsfähigkeit auch aller eingeschränkten Befreiungen von § 181 BGB, ausgenommen lediglich die Befreiung für nur ein einziges konkretes Rechtsgeschäft, ist damit zu bejahen (Bühler DNotZ 1983, 588/593; grds. auch Kanzleiter RPfleger 1984, 1/4).

VII. Rechnungslegung der GmbH und Gewinnverwendung

1. Das Geschäftsjahr der GmbH

Die Festlegung des Geschäftsjahrs gehört nicht zum zwingenden Inhalt der Satzung. Ist nichts anderes bestimmt, so ist Geschäftsjahr das Kalenderjahr. Soll das Geschäftsjahr vom Kalenderjahr abweichen, also nicht am 1. Januar eines Jahres, sondern z. B. am 1. April eines Jahres beginnen, so kann dies bei Gründung der GmbH ohne Zustimmung des Finanzamts vereinbart werden (§ 4a Abs. 1 Nr. 2 Satz 2 EStG). Die spätere Umstellung des Geschäftsjahres erfordert eine Satzungsänderung und bedarf der Zustimmung des Finanzamts. In der Praxis ist die Feststellung üblich, daß das erste Geschäftsjahr vom Tag der Eintragung der Gesellschaft bis zum Beginn des ordentlichen Geschäftsjahres ein Rumpfgeschäftsjahr ist. Dies gilt aufgrund Verkehrssitte auch, soweit die Satzung eine derartige ausdrückliche Feststellung nicht enthält. Es ist möglich, als Zeitpunkt des Beginns der Gesellschaft einen vor dem Tag der Eintragung der Gesellschaft und damit ihrer Entstehung als juristische Person gemäß § 11 GmbHG liegenden Tag zu bestimmen. Zweckmäßig ist dies jedoch regelmäßig nicht, da dann das Registergericht prüfen wird, ob das Gesellschaftsvermögen bei Entstehung der Gesellschaft noch voll vorhanden ist oder etwa durch verpflichtende Geschäfte der Vorgesellschaft ganz oder teilweise verbraucht wurde (BGHZ 80, 129; gegen eine derartige Prüfung Ulmer ZGR 1981, 593/604 ff.).

2. Jahresabschluß und Lagebericht

a) Das **Bilanzrichtlinien-Gesetz** vom 19. 12. 1985 (BGBl. I 2355) regelt in einem neuen Dritten Buch des HGB, §§ 238 ff., für alle Einzelkaufleute und Handelsgesellschaften die kaufmännische Buchführung und Bilanzierung. Nach § 242 HGB hat jeder Kaufmann für den Schluß eines jeden Geschäftsjahres einen das Verhältnis seines Vermögens und seiner Schulden darstellenden Abschluß **(Bilanz)** aufzustellen. Weiterhin hat er für den Schluß eines jeden Geschäftsjahres eine Gegenüberstellung der Aufwendungen und Erträge des Geschäftsjahres **(Gewinn- und Verlustrechnung)** aufzustellen. Die Bilanz und die Gewinn- und Verlustrechnung bilden den Jahresabschluß. Über ihren Inhalt geben die §§ 243 ff. HGB Auskunft.

b) In Erweiterung der allgemeinen Pflichten jedes Kaufmanns zur Aufstellung eines Jahresabschlusses normiert § 264 HGB die Pflicht der gesetzlichen Vertreter einer Kapitalgesellschaft, den Jahresabschluß des § 242 HGB um einen **Anhang** zu erweitern, der mit der Bilanz und der Gewinn- und Verlustrechnung eine Einheit bildet, sowie einen **Lagebericht** aufzustellen. Den vorgeschriebenen Inhalt des Anhangs, der als Erläuterung der Bilanz und der Gewinn- und Verlustrechnung gedacht ist, enthalten §§ 284 ff. HGB. In dem Lagebericht sind nach § 289 HGB zumindest der Geschäftsverlauf und die Lage der Kapitalgesellschaft so darzustellen, daß ein den tatsächlichen Verhältnissen entsprechendes Bild vermittelt wird.

Der Lagebericht soll auch auf Vorgänge von besonderer Bedeutung, die nach dem Schluß des Geschäftjahres eingetreten sind, die voraussichtliche Entwicklung der Gesellschaft und den Bereich Forschung und Entwicklung eingehen. Der Jahresabschluß der Kapitalgesellschaft hat nach § 264 Abs. 2 HGB unter Beachtung der Grundsätze ordnungsgemäßer Buchführung ein den tatsächlichen Verhältnissen entsprechendes Bild der Vermögens-, Finanz- und Ertragslage der Kapitalgesellschaft zu vermitteln **(true and fair view)** (dazu Helmrich GmbHR 1986, 6/8). Ist dies aus besonderen Umständen heraus nicht der Fall, so sind im Anhang zusätzliche Angaben zu machen.

c) Nach § 264 Abs. 1 S. 2 HGB sind der Jahresabschluß und der Lagebericht von den gesetzlichen Vertretern der Kapitalgesellschaft **in den ersten drei Monaten des Geschäftsjahres für das vergangene Geschäftsjahr** aufzustellen. Kleine Kapitalgesellschaften dürfen den Jahresabschluß und den Lagebericht auch später aufstellen, wenn dies einem ordnungsgemäßen Geschäftsgang entspricht, längstens jedoch innerhalb der ersten sechs Monate des folgenden Geschäftsjahrs; eine Satzung, die die Frist für die Aufstellung des Jahresabschlusses und des Lageberichts allgemein auf den Ablauf des 6. Monats nach dem abgelaufenen Geschäftsjahr festlegt, ist aber unwirksam (BayOBLG GmbHR 1987, 391).

Kleine Kapitalgesellschaften sind nach § 267 HGB solche, die mindestens zwei der drei nachstehenden Merkmale nicht überschreiten:

1. 3 900 000,– DM Bilanzsumme nach Abzug eines auf der Aktivseite ausgewiesenen Fehlbetrags,
2. 8 000 000,– DM Umsatzerlöse in den 12 Monaten vor dem Abschlußstichtag,
3. im Jahresdurchschnitt 50 Arbeitnehmer.

Mittelgroße Kapitalgesellschaften sind solche, die mindestens zwei der drei oben bezeichneten Merkmale überschreiten und jeweils mindestens zwei der drei nachstehenden Merkmale nicht überschreiten:

1. 15 500 000,– DM Bilanzsumme nach Abzug eines auf der Aktivseite ausgewiesenen Fehlbetrags,
2. 32 000 000,– DM Umsatzerlöse in den 12 Monaten vor dem Abschlußstichtag,
3. im Jahresdurchschnitt 250 Arbeitnehmer.

Große Kapitalgesellschaften sind solche, die mindestens zwei der drei soeben bezeichneten Merkmale überschreiten. Die Merkmale müssen jeweils an den Abschlußstichtagen von zwei aufeinanderfolgenden Geschäftsjahren über- oder unterschritten werden.

d) § 42 GmbHG enthält ergänzende Bilanzierungsvorschriften, während § 42a GmbHG bisher nicht im Gesetz enthaltene Vorschriften über die Verpflichtung der Geschäftsführer zur **Vorlage des Jahresabschlusses** und der Gesellschafter zur **Beschlußfassung über die Feststellung des Jahresabschlusses** und die Ergebnisverwendung normiert. Danach haben die Geschäftsführer den Jahresabschluß und den Lagebericht unverzüglich nach seiner Aufstellung und gegebenenfalls Prüfung den Gesellschaftern zum Zwecke der Feststellung vorzulegen. Die Gesellschafter haben spätestens bis zum Ablauf der ersten acht Monate oder, wenn es sich um eine kleine Gesellschaft handelt, bis zum Ablauf der ersten elf Monate des Geschäftsjahres über die Feststellung des Jahresabschlusses und über die Ergebnisverwendung zu beschließen. Der Gesellschaftsvertrag kann die Frist nicht verlängern.

Als Folgerung für die Kautelarpraxis ergibt sich aus dem Bilanzrichtliniengesetz, daß Bestimmungen über die Art und Weise der Bilanzierung und die Fristen zur Aufstellung und Vorlegung des Jahresabschlusses und die Beschlußfassung über ihn nicht mehr erforderlich sind, ja sogar, wo sie gegen zwingendes neues Recht verstoßen, unzulässig sind. Der Bereich von Jahresabschluß und Bilanz war bisher regelungsfähig und vor allem regelungsbedürftig. Nach der eingehenden gesetzlichen Neuregelung ist dies anders geworden.

e) Jahresabschluß und Lagebericht sind bei den GmbH, die nicht kleine sind, durch einen **Abschlußprüfer** zu prüfen, bevor der Jahresabschluß festgestellt werden kann, § 316 HGB. Abschlußprüfer können nach § 319 GmbHG Wirtschaftsprüfer und Wirtschaftsprüfungsgesellschaften sein, bei mittelgroßen GmbH auch vereidigte Buchprüfer und Buchprüfungsgesellschaften. Nach § 318 HGB wird der Abschlußprüfer des Jahresabschlusses von den Gesellschaftern gewählt. Bei der GmbH kann der Gesellschaftsvertrag etwas anderes bestimmen. In Betracht kommt hier die Bestimmung des Abschlußprüfers durch einen Beirat oder Aufsichtsrat oder einen einzelnen Gesellschafter als Sonderrecht. Für eine derartige Abweichung wird im Regelfall kein Bedürfnis bestehen. Fraglich ist, ob satzungsgemäß der Prüfungsauftrag des Abschlußprüfers etwa dahingehend erweitert werden kann, daß er auch die Ordnungsmäßigkeit der Geschäftsführung prüft. Obwohl im Recht der Aktiengesellschaft bisher die Zulässigkeit einer satzungsgemäßen Erweiterung des Prüfungsauftrags abgelehnt wurde (Adler/Düring/Schmaltz, Rechnungslegung und Prüfung der Aktiengesellschaft, 4. Aufl. 1971, § 162 Anm. 25 f.; Geßler/Hefermehl/Eckardt/Kropff, Aktiengesetz § 162 Anm. 46 f.; Großkommentar-Aktiengesetz/Brönner, 3. Aufl. 1970, § 172 Anm. 6), dürfte die Frage zu bejahen sein. Eine derartige Satzungsbestimmung kann insbesondere bei Fremdgeschäftsführung empfehlenswert sein. Der Abschlußprüfer erstellt nach § 321, 322 HGB einen **Prüfungsbericht** und erteilt den **Bestätigungsvermerk**. Seine Auskunftsrechte ergeben sich aus § 320 HGB.

f) Zu den nach der Größe abgestuften, zwingenden **Offenlegungspflichten** der GmbH, die auf die GmbH & Co. KG nicht erstreckt wurden, vgl. §§ 325 ff. HGB. Kleine GmbH müssen eine verkürzte Bilanz mit einem verkürzten Anhang unverzüglich nach deren Feststellung, jedoch spätestens vor Ablauf des zwölften Monats des dem Bilanzstichtag nachfolgenden Geschäftsjahres zum Handelsregister des Sitzes der Gesellschaft einreichen. Der Vorschlag und die Verwendung des Ergebnisses sind in einer gesonderten Darstellung beizufügen, wenn sie sich nicht aus dem Jahresabschluß ergeben. Außerdem muß die Hinterlegung im Bundesanzeiger bekanntgemacht werden. Prüfungspflichtige GmbH haben unverzüglich nach Feststellung des Jahresabschlusses, jedoch spätestens vor Ablauf des 9. Monats des dem Bilanzstichtag nachfolgenden Geschäftsjahres, den Jahresabschluß mit Bilanz, Gewinn- und Verlustrechnung und Anhang mit dem Bestätigungsvermerk des Abschlußprüfers oder dem Vermerk über seine Versagung, den Lagebericht sowie den Vorschlag und den Beschluß über die Verwendung des Jahresergebnisses, soweit diese sich nicht aus dem Jahresabschluß ergeben, zum Handelsregister am Sitz der Gesellschaft einzureichen. Mittelgroße Unternehmen haben zusätzlich im Bundesanzeiger die erfolgte Hinterlegung bekanntzumachen. Große Unternehmen müssen darüber hinaus diese Unterlagen selbst im Bundesanzeiger bekanntmachen. Die Vorschriften sind zwingend und der gesellschaftsvertraglichen Abänderung nicht zugänglich.

3. Ergebnisverwendung

a) § 29 Abs. 1 Satz 1 GmbHG ersetzt das früher geltende Vollausschüttungsgebot durch das **Mehrheitsprinzip**. Die Gesellschafter bestimmen, ob und inwieweit das Jahresergebnis an die Gesellschafter ausgeschüttet oder thesauriert werden soll, § 29 Abs. 2 GmbHG. Diese vereinfachte Thesaurierungsmöglichkeit kompensiert das in §§ 279, Abs. 1 Satz 1, 253 Abs. 4, 280 HGB neu aufgestellte Verbot willkürlicher stiller Reserven.

Die Satzung kann nach § 29 Abs. 2 GmbHG anderes bestimmen. Der Satzungsautonomie sind dabei keine gesetzlichen Grenzen gezogen. Es gibt insbesondere keine gesetzliche Mindestdividende, wie sie zunächst im Entwurf des BiRiLiG vorgesehen war.

b) Voraussetzung klarer Satzungsbestimmungen ist die Verwendung der **gesetzlichen Terminologie** (OLG Köln GmbHR 1987, 189):

Jahresergebnis ist der Jahresüberschuß (§ 266 Abs. 3 A V HGB) zuzüglich Gewinnvortrag abzüglich Verlustvortrag,

Bilanzgewinn ist das Jahresergebnis abzüglich Rücklagenzufuhr zuzüglich Rücklagenauflösung (§§ 29 Abs. 1 Satz 2 GmbHG, 268 Abs. 1 HGB),

Ergebnisverwendung (§ 29 Abs. 2 GmbHG) ist der Oberbegriff für Gewinnverteilung, Gewinnrücklagen und Gewinnvortrag,

Verteilung (§ 29 Abs. 2 GmbHG) betrifft den für die Ausschüttung an die Gesellschafter vorgesehenen Gewinn.

c) Für die Verwendung des Jahresergebnisses bestehen nach dem Gesetz drei Möglichkeiten (Hommelhoff/Hartmann/Hillers DNotZ 1986, 324):

Einmal kann man den Ergebnisanteil, der thesauriert werden soll, bereits bei der Aufstellung des Jahresabschlusses in die Gewinnrücklagen (§ 266 Abs. 3 A III 4 HGB) einstellen. Die Gesellschafter entscheiden dann schon im Beschluß über die Feststellung des Jahresabschlusses (§§ 42a Abs. 2 S. 1, 46 Nr. 1 GmbHG) über die Thesaurierung und deren Umfang. Als an die Gesellschafter zu verteilender Restbetrag wird in der Bilanz dann nur noch der Bilanzgewinn ausgewiesen. Der nachfolgende Gewinnverwendungsbeschluß bleibt aber dennoch erforderlich, um die Auszahlungsansprüche der einzelnen Gesellschafter zu begründen.

Zum zweiten können die Gesellschafter nicht schon im Feststellungsbeschluß, sondern erst und ausschließlich im Ergebnisverwendungsbeschluß über die Thesaurierung entscheiden (§§ 29 Abs. 2, 46 Nr. 1 GmbHG). Zu thesaurierende Beträge werden dann durch diesen Beschluß von der Verteilung an die Gesellschafter ausgenommen und entweder der mittelfristigen Gewinnrücklage (§ 266 Abs. 3 A III 4 HGB) zugeführt oder kurzfristig als Gewinnvortrag (§ 266 Abs. 3 A IV HGB) ausgewiesen.

Schließlich können beide Thesaurierungswege miteinander verknüpft werden, wenn die Gesellschafter über die schon durch den Feststellungsbeschluß thesaurierten Beträge hinaus im Verwendungsbeschluß weitere Beträge in die Gewinnrücklage einstellen oder als Gewinnvortrag ausweisen.

d) Von der Terminologie her müssen **Satzungsklauseln** bei der Verwendung des Jahresergebnisses ansetzen, um klarzustellen, daß die Regelung auch die Rücklagenzufuhr im Rahmen der Abschlußfeststellung erfaßt.

Inhaltlich regeln **Ergebnisverwendungsklauseln** den Widerstreit zwischen dem Thesaurierungsinteresse der Gesellschaft und dem Ausschüttungsinteresse der Gesellschafter. Dabei wird es die Ausnahme sein, daß die Satzung in Umkehrung von § 29 GmbHG die Verwendung des gesamten Jahresergebnisses zwingend regelt.

Die Regel werden vielmehr **Teilergebnisklauseln** bilden, die die Verwendung eines bestimmten Teils des Jahresergebnisses im Sinne eines Ausschüttungszwangs (Ausschüttungsklauseln) bzw. Thesaurierungszwangs (Thesaurierungsklauseln) regeln.

Thesaurierungsklauseln empfehlen sich, wenn ein absehbarer künftiger Kapitalbedarf der Gesellschaft besteht. Sie sind regelmäßig zweckmäßigerweise in Prozentzahlen des Jahresergebnisses auszudrücken:

„*Vom Jahresergebnis im Sinne von § 29 Abs. 1 Satz 1 GmbHG sind 15% in die Gewinnrücklagen einzustellen. Über den verbleibenden Rest des Jahresergebnisses entscheiden die Gesellschafter mit einfacher Mehrheit.*"

Die Fassung läßt damit weitergehende Thesaurierungen zu.

Ausschüttungsklauseln sichern das Dividendeninteresse insbesondere von Minderheitsgesellschaftern:

„*Vom Jahresergebnis im Sinne von § 29 Abs. 1 Satz 1 GmbHG sind 20% an die Gesellschafter zum Verbleib bei diesen auszuschütten. Über den verbleibenden Rest des Jahresergebnisses entscheiden die Gesellschafter mit einfacher Mehrheit.*"

Eine begrenzte Thesaurierung bis zur Höhe einer bestimmten Gewinnrücklage kann, wenn ein bestimmter Kapitalbedarf der Gesellschaft absehbar ist, aber eine ständige Thesaurierung nicht gewünscht wird, mit einer **Rücklagenklausel** erreicht werden:

„*Es ist zunächst eine Gewinnrücklage von 50% des Stammkapitals zu bilden.*"

Man kann die **Ausschüttungs- und Thesaurierungsklauseln** auch **kombinieren** und den Rest des Jahresergebnisses der Disposition der Gesellschafter überlassen:

„*Vom Jahresergebnis im Sinne von § 29 Abs. 1 Satz 1 GmbHG sind 20% in die Gewinnrücklage einzustellen, weitere 20% sind an die Gesellschafter zum Verbleib bei diesen auszuschütten. Über den verbleibenden Rest des Jahresergebnisses entscheiden die Gesellschafter mit einfacher Mehrheit.*"

Diese Kombinationsklausel teilt das Jahresergebnis in drei Teile auf. Sie stellt einen häufig empfehlenswerten Kompromiß zwischen Bindung und Freiheit und den Interessen von Gesellschaft und Gesellschaftern dar (Liebs DB 1986, 2421/2425).

Das **Ausschüttungsrückholverfahren** ist durch § 29 GmbHG n. F. abgedeckt. Zur Klarstellung kann in die Satzung aufgenommen werden:

„*Mit einfacher Mehrheit kann beschlossen werden, daß Ausschüttungsbeträge nicht bei den Gesellschaftern verbleiben, sondern sofort an die Gesellschaft zurückzuzahlen sind.*"

In allen Klauseln können die erforderlichen Beschlußmehrheiten qualifiziert werden.

e) Grds. zulässig sind auch Klauseln, die die Entscheidung über die Feststellung und Verwendung des Jahresergebnisses der Gesellschafterversammlung entziehen und sie anderen Organen wie Aufsichtsrat, Beirat, einzelnen Gesellschaftern oder Gesellschaftergruppen und der Geschäftsführung übertragen (Hommelhoff/Priester ZGR 1986, 483). Derartige Klauseln sind nur für größere GmbH oder bei besonderen Konstellationen wie der aus zwei paritätischen Stämmen bestehenden Familiengesellschaft erwägenswert, wobei in der Praxis der **Bilanzausschuß** aus Mitgliedern des Aufsichtsrats und/oder der Gesellschafter oder die Feststellungs- und Verwendungsbefugnis von **Aufsichtsrat und Geschäftsführung** entsprechend der aktienrechtlichen Regelung die größte Rolle spielen (Liebs DB 1986, 2421/2424; Ehlke DB 1987, 671/675 f.).

f) Nach § 7 GmbHÄndG in der Fassung des BiRiLiG gelten für **Altgesellschaften,** die vor dem 1. 1. 1986 in das Handelsregister eingetragen wurden, hinsichtlich der Gewinnverwendung Übergangsvorschriften. Die Gewinnverwendung richtet sich nach dem alten Vollausschüttungsgebot, soweit nicht der Gesellschaftsvertrag Abweichendes bestimmt. Durch die **Registersperre** des § 7 Abs. 2 GmbHÄndG sollen die Altgesellschaften gezwungen werden, spätestens bei einer Satzungsänderung über die Gewinnverwendung zu beschließen. Dabei können sie die alte Vollausschüttung bestätigen, wenn der Gesellschaftsvertrag keine Gewinnverwendungsregelung beinhaltete, sie können die bestehende Gewinnverwendungsregelung der Satzung bestätigen, sie können das neue Recht in der Form von § 29 GmbHG n. F. wählen, sie können schließlich eine neue Satzungsbestimmung über die Gewinnverwendung beschließen. Dieser Beschluß kann nach § 7 Abs. 2 Satz 2 GmbHÄndG mit einfacher Mehrheit gefaßt werden. Der Gesetzgeber wollte hierdurch erklärtermaßen eine Beschlußfassung über die Gewinnverwendung in Berücksichtigung des neuen Rechts erzwingen und durch die von § 53 Abs. 2 Satz 1 GmbHG abweichende Mehrheitsregelung erleichtern.

Es fragt sich, ob der Beschluß nach § 7 Abs. 2 GmbHÄndG immer ein satzungsändernder Beschluß nach §§ 53, 54 GmbHG sein muß, der zur Änderung bzw. Ergänzung des Wortlauts der Satzung führt (so etwa BayObLG GmbHR 1988, 102/105). Das Gesetz spricht von der Eintragung der Änderung des Gesellschaftsvertrags. Dennoch will eine starke Literaturmeinung beim reinen Bestätigungsbeschluß die notarielle Beurkundung, die Anmeldung des Beschlusses und seine öffentliche Bekanntmachung (§§ 54 Abs. 2 Satz 2, 10 Abs. 3 GmbHG) genügen lassen, ohne daß der Wortlaut der Satzung geändert wird.

Gründe der Klarheit und zukünftigen Rechtssicherheit sprechen aber dafür, eine **Änderung des Wortlautes der Satzung** zu verlangen. In diesen ändernden Wortlaut sollte der ausdrückliche Hinweis auf das Bilanzrichtliniengesetz enthalten sein. Bei der Bestätigung der bestehenden Gewinnverwendungsregelung kann in diesem Sinne formuliert werden:

„*Diese Ergebnisverwendungsregelung wurde nach Inkrafttreten des Bilanzrichtliniengesetzes bestätigt.*"

Bei einer Neuregelung kann formuliert werden:

„*Für die Verwendung des Jahresergebnisses gilt nach Inkrafttreten des Bilanzrichtliniengesetzes § 29 GmbHG in der jetzt geltenden Fassung*"

oder:

„*Für die Verwendung des Jahresergebnisses wird nach Inkrafttreten des Bilanzrichtliniengesetzes bestimmt . . .*"

Diese zweckmäßige Erwähnung des Bilanzrichtliniengesetzes stellt für die Zukunft, insbesondere für jede zukünftige Satzungsänderung, klar, daß die Registersperre entriegelt wurde. Denn die Registersperre verjährt nicht, so daß auch noch nach Jahren jeder Notar bei jeder Satzungsänderung daran zu denken hat, daß es sich um eine noch nicht entriegelte Altgesellschaft handeln kann.

Richtig ist im übrigen die Entscheidung des BayObLG (GmbHR 1988, 102), daß keine Entriegelung der Registersperre eintritt, wenn durch Gesellschafterbeschluß die Regelung der Altsatzung bestätigt wird, die sich lediglich auf die Wiederholung von § 46 Nr. 1 GmbHG beschränkt, also etwa lautet:

„*Über die Verwendung des Jahresergebnisses beschließt die Gesellschafterversammlung.*"

4. Ausschüttungs-Rückhol-Verfahren

Das Ausschüttungs-Rückhol-Verfahren (dazu Priester ZGR 1977, 445; Esch NJW 1978, 2529; Raupach, Pro GmbH, 205/216 ff.) ist ein Kind der Körperschaftsreform. Nach der Reform der Körperschaftsteuer im Jahre 1977 besteht ein Anreiz zur Ausschüttung der Gewinne insbesondere dann, wenn die Einkommensteuerbelastung des einzelnen Gesellschafters den Thesaurierungssteuersatz der Gesellschaft von 56% unterschreitet. Bei der Gesellschaft mindert sich die Körperschaftsteuer bei Ausschüttung nach § 27 KStG auf 36%. Diese 36% werden auf die Einkommensteuerschuld des Gesellschafters nach § 36 Abs. 1 Nr. 3 EStG angerechnet und, soweit die Einkommensteuerbelastung des Gesellschafters niedriger ist, diesem erstattet. Zur Sicherung des Kapitalbedarfs der Gesellschaft kann der Gesellschaftsvertrag als Nebenleistungspflicht iS von § 3 Abs. 2 GmbHG bestimmen, daß die ausgeschütteten Gewinne zum Teil wieder an die Gesellschaft zurückzuführen sind. Dies kann in der Form der Einlage oder der Zuführung in die offene Rücklage (Eigenkapital der Gesellschaft) oder des Darlehens bzw. der stillen Beteiligung (Fremdkapital der Gesellschaft) geschehen. Hinsichtlich der steuerlichen Anerkennung bestehen hier noch Zweifelsfragen, die zur Zeit die vom Muster gewählte Darlehensform als die steuerlich am wenigsten riskante Form erscheinen lassen (dazu Raupach, Pro GmbH, 205/216 ff. mwN).

5. Gewinnvorschüsse

Gewinnvorschüsse im Laufe des Geschäftsjahres sind wegen § 30 GmbHG problematisch. Die h. L. (Hachenburg/Goerdeler/Müller § 29 GmbHG Rz. 76 mwN) läßt sie zu, wenn im Zeitpunkt der Auszahlung mit einem entsprechenden Jahresgewinn gerechnet werden kann.

Keinesfalls zulässig sind Gewinnvorschüsse nach § 30 GmbHG, wenn eine **Unterbilanz** vorliegt, also die Aktiva nach Abzug der Schulden die Stammkapitalziffer nicht mehr erreichen. Ob deshalb die Ausschüttung von Gewinnvorschüssen eine **Zwischenbilanz** zwingend voraussetzt, ist streitig (Hachenburg/Goerdeler/Müller § 29 GmbHG Rz. 78 mwN). Ihre Erstellung ist jedenfalls empfehlenswert. Ebenfalls streitig ist, ob Gewinnvorschüsse nur bei ausdrücklicher Ermächtigung durch den Gesellschaftsvertrag ausgezahlt werden dürfen (vgl. Hachenburg/Goerdeler/Müller aaO Rz. 77 mwN). Obwohl hier auch ohne ausdrückliche Satzungsermächtigung ein Gesellschafterbeschluß genügen dürfte, empfiehlt sich eine dem Muster **115a** entsprechende Regelung.

Zusätzliche Schwierigkeiten bereitet Abschnitt 81 der Körperschaftsteuerrichtlinien, wonach für die Errechnung der Körperschaftsteuer der Vorschuß-Ausschüttungsbeschluß wie ein endgültiger Gewinnverteilungsbeschluß behandelt wird und demgemäß für die Errechnung der Körperschaftsteuer das verwendbare Eigenkapital am Anfang des Ausschüttungsjahres maßgeblich ist. Deshalb empfiehlt Sudhoff (Das Familienunternehmen, 456) die Formulierung des Gewinnvorschusses als Abschlag und Darlehen bis zum endgültigen Gewinnverteilungsbeschluß, um die Maßgeblichkeit des Jahresabschlusses des Ausschüttungsjahres sicherzustellen.

6. Verdeckte Gewinnausschüttung, Steuerklauseln

a) In der Kautelarpraxis sind weitgehend Klauseln üblich, die die steuerrechtlichen Nachteile verdeckter Gewinnausschüttungen beseitigen sollen (Raupach, Pro GmbH, 205/218 ff.; Theisen GmbHR 1980, 132 ff./182 ff.). Eine verdeckte Gewinnausschüttung (dazu Knobbe-Keuk, Bilanz- und Unternehmenssteuerrecht, § 19) liegt dann vor, wenn die Gesellschaft einen Gesellschafter mit Rücksicht auf seine Gesellschafterstellung außerhalb der gesellschaftsrechtlichen Gewinnverteilung einen Vermögensvorteil zuwendet, den sie einem Nichtgesellschafter nicht zugewendet hätte. Hierunter fällt z.B. die Gewährung eines unangemessen hohen Gehaltes an einen Gesellschafter-Geschäftsführer oder die Zahlung eines überhöhten Kaufpreises für ein von einem Gesellschafter an die Gesellschaft verkauftes Wirtschaftsgut. Steuerlich werden solche verdeckte Gewinnausschüttungen wie offene Gewinnausschüttungen behandelt, § 8 Abs. 3 S. 2 KStG. Zivilrechtlich sind sie richtiger Ansicht nach unzulässig und führen zu Rückgewähransprüchen der Gesellschaft gegen den Empfänger (Fischer/Lutter § 29 GmbHG Rz. 29 ff. mwN). Steuerlich führen sie, insbesondere wenn nicht genügendes voll mit Körperschaftsteuer belastetes EK 56 vorhanden ist, zu einer Minderung des Eigenkapitals der GmbH und verschaffen dem Gesellschafter zusätzlich zu der Zuwendung die Steuergutschrift.

b) Bei den zur Vermeidung dieser Nachteile empfohlenen Klauseln unterscheidet man zwischen der **Steuerklausel** und der **Satzungsklausel**. Eine Steuerklausel in diesem Sinn liegt dann vor, wenn die Rückgewährpflicht davon abhängig ist, daß das Finanzamt eine verdeckte Gewinnausschüttung annimmt. Von einer Satzungsklausel spricht man dann, wenn bestimmt wird, daß außerhalb der handelsrechtlichen Gewinnverteilung an die Gesellschafter keine Leistungen erbracht werden dürfen, denen keine gleichwertigen Gegenleistungen entgegenstehen (vgl. Gassner DStZ A 1985, 204).

Die Finanzverwaltung geht davon aus, daß die steuerrechtlichen Folgen einer verdeckten Gewinnausschüttung auch dann nicht rückwirkend beseitigt werden, wenn eine Steuerklausel oder Satzungsklausel vorliegt (Schreiben des BMF vom 6. 8. 1981 BStBl. I 599). In dieselbe Richtung geht mit Differenzierungen die Rspr. des BFH (BFH GmbHR 1985, 34). Auch unter dem Bilanzrichtliniengesetz wird sich hieran wohl nichts ändern. Für die Vertragspraxis ist damit festzustellen, daß die Steuerklausel wertlos ist. Sie schadet eher, weil sie bei der Finanzverwaltung Mißtrauen weckt und weil sie ohne steuerliche Wirkungen zivilrechtliche Ansprüche begründet. Dies gilt wohl auch für die Satzungsklausel. Von der Aufnahme derartiger Klauseln in die Satzung sollte wohl abgesehen werden.

7. Thesaurierung

Die Thesaurierung ist nach § 29 Abs. 2 GmbHG im Unterschied zur früheren Rechtslage auch ohne Satzungsermächtigung mit Mehrheitsbeschluß möglich. Der Gesellschaftsvertrag kann die Thesaurierung ausschließen oder, was insbesondere bei Familiengesellschaften zweckmäßig sein wird, die Thesaurierung z.B. in Höhe von 50% des Stammkapitals in der Form der Gewinnrücklage vorschreiben.

115a Gesellschaftsvertrag zur Gründung einer GmbH

§ 1 Firma und Sitz

Die Firma[1] der Gesellschaft lautet ...... (Firma).
Sitz der Gesellschaft ist ...... (Ort).

§ 2 Gegenstand des Unternehmens

Gegenstand des Unternehmens[2] ist ....
Die Firma darf andere Unternehmen gleicher oder ähnlicher Art erwerben, vertreten oder sich an solchen Unternehmen beteiligen.
Sie darf auch Geschäfte vornehmen, die der Erreichung und Förderung des Unternehmenszweckes dienlich sein können. Sie darf auch Zweigniederlassungen errichten.

§ 3 Stammkapital, Stammeinlage[3]

Das Stammkapital der Gesellschaft beträgt DM ...... (in Worten: Deutsche Mark ......).
Hiervon übernimmt der Gesellschafter B eine Stammeinlage von DM ......, der Gesellschafter C eine Stammeinlage von DM ....
Die Stammeinlagen sind in bar zu erbringen. Die Hälfte ist sofort fällig, der Rest auf Anforderung durch die Gesellschaft.

§ 4 Geschäftsjahr

Das Geschäftsjahr läuft vom ...... bis ...... eines jeden Jahres.
Das erste Geschäftsjahr beginnt mit der Eintragung der Gesellschaft und endet am ......[4].

§ 5 Geschäftsführung, Vertretung[5]

Die Gesellschaft hat einen oder mehrere Geschäftsführer.
Ist nur ein Geschäftsführer bestellt, so vertritt er die Gesellschaft allein.

---

1 Zum Firmenrecht der GmbH vgl. Erl. IV 1.
2 Die Angaben zum Gegenstand des Unternehmens gehören ebenfalls zum Mindestinhalt einer GmbH-Satzung (nach § 3 Nr. 2 GmbHG). Welche Grundsätze hierbei zu beachten sind, ist oben Erl. IV 3 zu entnehmen.
3 Hierzu vgl. Erl. IV 4; ferner auch Erl. IV 5.
4 Diese Festlegung dürfte an sich als entbehrlich anzusehen sein, wie oben aus Erl. VII 1 hervorgeht.
5 Wegen der Grundsätze, die bei der GmbH für die Geschäftsführung und Vertretung gelten, s. o. zu Erl. VI.

Sind mehrere Geschäftsführer bestellt, so wird die Gesellschaft von zwei Geschäftsführern gemeinschaftlich oder von einem Geschäftsführer in Gemeinschaft mit einem Prokuristen vertreten.

Jedem Geschäftsführer kann Alleinvertretungsbefugnis erteilt werden.

Jedem Geschäftsführer kann Befreiung von den Beschränkungen des § 181 BGB erteilt werden.

§ 6 Gesellschafterversammlung

Die Gesellschafterversammlung ist zu berufen, wenn eine Beschlußfassung der Gesellschafter erforderlich wird oder wenn die Einberufung aus einem sonstigen Grunde im Interesse der Gesellschaft liegt[6]. In jedem Falle ist jährlich eine Gesellschafterversammlung innerhalb zwei Monaten nach Vorliegen des Jahresabschlusses abzuhalten.

Die Versammlung wird durch die Geschäftsführer in vertretungsberechtigter Zahl einberufen. Es genügt Einberufung durch einen Geschäftsführer. Die Ladung erfolgt mittels Einschreibbriefes mit einer Frist von mindestens 2 Wochen unter Mitteilung der Tagesordnung, bei der jährlichen Versammlung unter Beifügung des Jahresabschlusses.

Die Gesellschafterversammlung findet am Sitz der Gesellschaft statt. Sie kann aus begründetem Anlaß an einem anderen Ort abgehalten werden.

Jeder Gesellschafter darf an der Gesellschafterversammlung teilnehmen. Er kann sich dabei durch den Ehegatten, einen anderen Gesellschafter oder einen zur Berufsverschwiegenheit verpflichteten Dritten vertreten lassen. Jeder andere Gesellschafter kann verlangen, daß sich der Bevollmächtigte durch schriftliche Vollmacht legitimiert.

Die Versammlung wird vom Vorsitzenden geleitet. Er hat für eine ordnungsgemäße Protokollierung der Beschlüsse zu sorgen. Der Vorsitzende ist von den anwesenden und vertretenen Gesellschaftern mit einfacher Mehrheit zu wählen.

Die Gesellschafterversammlung ist beschlußfähig, wenn mindestens die Hälfte des Stammkapitals vertreten ist. Fehlt es daran, so ist innerhalb von vier Wochen eine neue Versammlung mit gleicher Tagesordnung einzuberufen, die immer beschlußfähig ist. Darauf ist in der Ladung hinzuweisen. Beschlüsse der Gesellschafter können nur in einer Gesellschafterversammlung oder gem. § 48 Abs. 2 GmbHG schriftlich gefaßt werden.

§ 7 Gesellschafterbeschlüsse

Gesellschafterbeschlüsse werden mit einfacher Mehrheit der abgegebenen Stimmen gefaßt, soweit nicht die Satzung oder das Gesetz zwingend eine andere Mehrheit vorschreiben. Abgestimmt wird nach Geschäftsanteilen. Je 100,– DM eines Geschäftsanteils gewähren eine Stimme.

Über die gefaßten Beschlüsse hat der Vorsitzende unverzüglich eine Niederschrift aufzunehmen, zu unterschreiben und den Gesellschaftern zuzuleiten. Diese können innerhalb 4 Wochen eine Ergänzung oder Berichtigung der Niederschrift schriftlich verlangen. Die unwidersprochene oder ergänzte bzw. berichtigte Niederschrift hat die Vermutung der Richtigkeit und Vollständigkeit.

Gesellschafterbeschlüsse können nur innerhalb 8 Wochen durch Klage angefochten werden.

---

6 Die in Muster **115a** vorgesehenen Einberufungsgründe entsprechen der Gesetzeslage (vgl. §§ 45 ff. GmbHG). Die Einberufung steht nach § 49 Abs. 1 GmbHG den Geschäftsführern bzw. nach § 111 Abs. 3 AktG iVm. § 52 Abs. 1 GmbHG dem Aufsichtsrat zu. Das Muster regelt darüber hinaus die Streitfrage, ob bei mehreren Geschäftsführern einer allein einberufen darf (hierzu Hachenburg/Schilling § 49 GmbHG Rz. 4 mwN).

§ 8 Jahresabschluß[7]

Der Jahresabschluß ist von der Geschäftsführung innerhalb der gesetzlichen Frist aufzustellen und von sämtlichen Geschäftsführern zu unterschreiben.

§ 9 Gewinnverteilung

Für die Gewinnverteilung gelten die gesetzlichen Vorschriften[8].

§ 10 Teilung und Vereinigung von Geschäftsanteilen[9]

Die Teilung von Geschäftsanteilen ist nur mit Genehmigung der Gesellschaft zulässig. Ist ein Gesellschafter Inhaber mehrerer Geschäftsanteile, auf welche die Stammeinlagen voll geleistet sind, so können diese mehreren Geschäftsanteile oder einzelne von ihnen auf Antrag des betroffenen Gesellschafters durch Gesellschafterbeschluß miteinander vereinigt werden.

§ 11 Abtretung und Belastung von Geschäftsanteilen[10]

Die Abtretung und Verpfändung von Geschäftsanteilen sowie ihre Belastung mit einem Nießbrauch ist nur mit Genehmigung der Gesellschaft zulässig.

Die Genehmigung ist nicht erforderlich, wenn Geschäftsanteile ungeteilt an Abkömmlinge oder Ehegatten oder andere Gesellschafter abgetreten oder zu deren Gunsten mit einem Nießbrauch belastet werden.

---

[7] Dieser Punkt verdient besondere Aufmerksamkeit, nachdem durch das Bilanzrichtlinien-Gesetz in das HGB ein neues drittes Buch mit den §§ 238 ff. eingefügt worden ist. Dort sind nunmehr praktisch alle wesentlichen Aspekte des Jahresabschlusses geregelt, nicht zuletzt auch für die GmbH. Welche Anforderungen im Einzelfall zu erfüllen sind, hängt davon ab, zu welcher der drei möglichen Größenkategorien (kleine, mittelgroße oder große Kapitalgesellschaften) eine konkrete GmbH zuzuordnen ist. Die Voraussetzungen für diese Gruppenzugehörigkeit („Größenmerkmale") wie insbesondere auch die sich daraus für den Jahresabschluß ergebenden Konsequenzen sind näher oben Erl. VII 2 ausgeführt.

[8] Vgl. hierzu Erl. VII 2.

[9] Nach § 17 Abs. 1 GmbHG kann die Veräußerung von Teilen von Geschäftsanteilen nur mit Genehmigung der Gesellschaft stattfinden. Von dieser zwingenden Vorschrift kann der Gesellschaftsvertrag nur nach § 17 Abs. 3 GmbHG in den Fällen der Veräußerung von Teilen eines Geschäftsanteils an andere Gesellschafter oder der Teilung von Geschäftsanteilen verstorbener Gesellschafter unter deren Erben in dem Sinne abweichen, daß eine Genehmigung der Gesellschaft nicht erforderlich ist. Nach § 17 Abs. 6 GmbHG findet außer im Falle der Veräußerung und Vererbung eine Teilung von Geschäftsanteilen nicht statt. Sie kann im Gesellschaftsvertrag auch für diese Fälle ausgeschlossen werden.
Nach § 15 Abs. 2 GmbHG behalten mehrere Geschäftsanteile in der Hand eines Gesellschafters ihre Selbständigkeit. Eine Vereinigung ist jedoch möglich, wenn die Stammeinlagen voll eingezahlt sind und eine Nachschußpflicht nicht besteht (BGHZ 42, 89). Im Hinblick auf die streitigen Fragen, ob die Zusammenlegung nur durch Gesellschafterbeschluß erfolgen kann und ob zu ihrer Wirksamkeit die Satzung eine ausdrückliche Gestattung enthalten muß (hierzu Priester GmbHR 1976, 131), empfiehlt sich die Aufnahme einer ausdrücklichen Bestimmung.

[10] Besonders bei personalistisch strukturierten GmbH, die als kleinere Familiengesellschaften in der Praxis die Regel bilden, besteht oft wenig Neigung, den Zutritt Außenstehender als Gesellschafter zu der betreffenden GmbH zuzulassen. Vielfach wird im Gegenteil sogar gewünscht, Vorsorge zu treffen, um sich vor dem unerwünschten Eindringen „Fremder" zu schützen. Gerade bzw. bereits im Gesellschaftsvertrag ist die Möglichkeit gegeben, einem solchen Anliegen Rechnung zu tragen. Allerdings gibt es verschiedene Möglichkeiten zu einer derartigen „Vinkulierung" der Geschäftsanteile, die zum Teil auch miteinander kombiniert werden können. Um im konkreten Fall zu zufriedenstellenden Ergebnissen zu gelangen, sind sorgfältige Ermittlungen der Lage und Wünsche sowie eine gründliche Abwägung der Vor- und Nachteile der in Betracht kommenden Wege vonnöten. Eine Reihe von Hinweisen zu diesen Problemen geben oben die Erl. V 3, 4, 5 sowie 8.

§ 12 Einziehung von Geschäftsanteilen[11]

Die Einziehung von Geschäftsanteilen ist mit Zustimmung des betroffenen Gesellschafters jederzeit zulässig.

Der Zustimmung des betroffenen Gesellschafters bedarf es nicht,
- wenn über sein Vermögen das Konkursverfahren oder ein gerichtliches Vergleichsverfahren eröffnet ist oder die Eröffnung eines solchen Verfahrens mangels Masse abgelehnt wird;
- wenn sein Geschäftsanteil gepfändet ist und die Pfändung nicht innerhalb von 2 Monaten wieder aufgehoben wird;
- wenn in seiner Person ein anderer wichtiger Grund, der seine Ausschließung aus der Gesellschaft rechtfertigt, gegeben ist; ein solcher wichtiger Grund liegt insbesondere dann vor, wenn der Gesellschafter eine Verpflichtung, die ihm nach dem Gesellschaftsvertrag oder einer anderen zwischen den Gesellschaftern mit Rücksicht auf die Gesellschaft verbindlich getroffenen Vereinbarung obliegt, vorsätzlich oder aus grober Fahrlässigkeit verletzt hat oder die Erfüllung einer solchen Verbindlichkeit unmöglich wird.

Steht ein Geschäftsanteil mehreren Gesellschaftern gemeinschaftlich zu, so genügt es, wenn ein Einziehungsgrund in der Person eines der Mitgesellschafter vorliegt.

Die Gesellschaft oder die Gesellschafter können bei der Pfändung eines Geschäftsanteils den vollstreckenden Gläubiger befriedigen und alsdann den gepfändeten Anteil einziehen. Der betroffene Gesellschafter darf der Befriedigung nicht widersprechen; er muß sich das zur Befriedigung des vollstreckenden Gläubigers Aufgewendete auf seinen Entgeltanspruch anrechnen lassen.

Statt der Einziehung kann die Gesellschafterversammlung beschließen, daß der Geschäftsanteil auf einen oder mehrere von ihr bestimmte Gesellschafter oder Dritte zu übertragen ist. Die Einziehung und die Abtretung kann von der Gesellschafterversammlung nur mit Dreiviertelmehrheit beschlossen werden. Der betroffene Gesellschafter hat kein Stimmrecht. Seine Stimmen bleiben bei der Berechnung der erforderlichen Mehrheit außer Betracht.

Soweit in den Fällen einer Pfändung des Geschäftsanteils oder des Konkurses kraft zwingenden Rechts eine für den oder die Gläubiger günstigere Regelung bezüglich der Berechnung oder der Fälligkeit des für den eingezogenen Geschäftsanteil zu zahlenden Entgelts Platz greift, tritt diese an die Stelle der in diesem Gesellschaftsvertrag vereinbarten Regelungen.

Die Einziehung oder der Beschluß über die Abtretungsverpflichtung sind unabhängig von einem etwaigen Streit über die Höhe der Abfindung rechtswirksam.

§ 13 Austritt und Kündigung[12]

Jeder Gesellschafter kann aus wichtigem Grund seinen Austritt aus der Gesellschaft erklären.

Der Austritt kann nur zum Ende des Geschäftsjahres erfolgen. Er ist unter Einhaltung einer Frist von sechs Monaten durch eingeschriebenen Brief zu erklären.

Der ausscheidende Gesellschafter ist nach Wahl der Gesellschaft verpflichtet, seinen Geschäftsanteil jeweils ganz oder zum Teil an die Gesellschaft selbst, an einen oder mehrere Gesellschafter oder an von der Gesellschaft zu benennende Dritte abzutreten oder die Einziehung zu dulden.

---

11 Vgl. Erl. V 8.
12 Vgl. Erl. V 7.

§ 14 Erbfolge[13]

Ist ein Gesellschafter nicht ausschließlich von anderen Gesellschaftern, seinem Ehegatten oder seinen Abkömmlingen beerbt worden, kann der Geschäftsanteil des verstorbenen Gesellschafters gegen Entgelt eingezogen werden.

Statt der Einziehung kann die Gesellschaft verlangen, daß der Anteil ganz oder geteilt an die Gesellschaft selbst, an einen oder mehrere Gesellschafter oder an einen Dritten abgetreten wird.

§ 15 Bewertung und Abfindung[14]

Das Entgelt für einen eingezogenen oder sonst auf Grund obiger Vorschriften anstatt der Einziehung zu übertragenden Geschäftsanteil (Abfindung) bestimmt sich nach dem von der Finanzbehörde für die Zwecke der Vermögensteuer zuletzt festgestellten Wert des Geschäftsanteils. Eine spätere Änderung dieses Wertes anläßlich einer Betriebsprüfung bleibt ohne Einfluß auf die Abfindung.

§ 16 Bekanntmachungen

Die gesetzlich vorgeschriebenen Bekanntmachungen der Gesellschaft erfolgen nur im Bundesanzeiger[15].

§ 17 Schlußbestimmung[16]

Die Unwirksamkeit einzelner Bestimmungen des Vertrages läßt die Wirksamkeit des Gesellschaftsvertrages im übrigen unberührt, soweit Treu und Glauben dem nicht zwingend entgegenstehen. In einem solchen Falle ist die ungültige Bestimmung durch Beschluß der Gesellschafterversammlung so umzudeuten oder zu ergänzen, daß der mit der ungültigen Bestimmung beabsichtigte wirtschaftliche und rechtliche Zweck erreicht wird. Dasselbe gilt, wenn bei der Durchführung des Gesellschaftsvertrages eine ergänzungsbedürftige Lücke offenbar wird. Jeder Gesellschafter ist zu Vertragsänderungen verpflichtet, die der Gesellschaftszweck oder die Treuepflicht der Gesellschafter gegeneinander gebieten.

---

13 Vgl. Erl. V 6.
14 Scheidet ein Gesellschafter – aus welchen Gründen auch immer – aus der Gesellschaft aus, kann die Abwicklung seiner Abfindung u. U. zu einem problematischen Punkt, im Einzelfall sogar zu einem echten Streitpunkt werden. Es empfiehlt sich daher, von vornherein Vorsorge dafür zu treffen, daß etwaiger Ärger vermieden wird. Dies kann durch geeignete Bestimmungen in der Satzung geschehen. Zur Höhe der Abfindung etwa hat sich die sog. Buchwertklausel als recht praktikabel erwiesen; hierzu wie auch zu anderen Fragen der Abfindung ausscheidender Gesellschafter vgl. oben Erl. V 9.
15 Bekanntmachungen der Gesellschaft sind vorgeschrieben bei Rückzahlung von Nachschüssen, § 30 Abs. 2 GmbHG; Bestellung und Wechsel von Aufsichtsratsmitgliedern; § 52 Abs. 2 GmbHG; Kapitalherabsetzung, § 58 GmbHG; und Auflösung, § 65 Abs. 2 GmbHG. Zweckmäßig ist die Bestimmung des Bundesanzeigers zum Veröffentlichungsorgan.
16 Eine salvatorische Klausel empfiehlt sich angesichts der möglichen Dauer des Gesellschaftsverhältnisses immer. Auch eine Bestimmung über die Verpflichtung der Gesellschafter zu zumutbaren Anpassungen des Gesellschaftsvertrages und des Gesellschaftsverhältnisses an veränderte Umstände ist empfehlenswert.

§ 18 Kosten[17]

Die Kosten und Steuern der Gründung trägt die Gesellschaft bis zum Betrag von DM ......[18].

---

17 Die *Übernahme des Gründungsaufwands* durch die Gesellschaft setzt eine entsprechende Satzungsbestimmung voraus. Die Aufnahme in den Urkundenmantel genügt nicht (OLG Hamm MittRhNotK 1984, 107). Gründungsaufwand sind diejenigen Kosten, die im Zusammenhang mit der Errichtung der Gesellschaft und der Erbringung der Einlagen entstehen, also Notar- und Gerichtsgebühren, Veröffentlichungskosten, Gesellschaftsteuer, Verkehrsteuern bei Einbringung von Sacheinlagen sowie Vergütungen für beratende Tätigkeiten aus Anlaß der Gründung (Hachenburg/Ulmer § 5 GmbHG Rz. 158). Der Übernahme der Gründungskosten durch die Gesellschaft steht § 30 GmbHG nicht entgegen, weil für unvermeidliche Gründungskosten die Rechtsordnung eine Verminderung des zur Kapitalerhaltung erforderlichen Gesellschaftsvermögens in Kauf nimmt, wie sich aus § 26 Abs. 2 AktG ergibt (OLG Hamm aaO). In entsprechender Anwendung von § 26 Abs. 2 AktG bedarf die Überwälzung der Gründungskosten von den Gründern auf die Gesellschaft der satzungsmäßigen Festsetzung. Zweifelhaft ist, ob die Analogie soweit zu gehen hat, daß der Gründungsaufwand ziffernmäßig angegeben werden muß. Die Praxis auch der Registergerichte verzichtet hierauf wohl überwiegend.

18 *Notargebühr:* $20/10$ gem. § 36 Abs. 2 KostO. Geschäftswert gem. § 39 Abs. 1 KostO (Einlagen der Gesellschafter ohne Abzug von Schulden).

Anmeldung der Bargründung 115b

An das
Amtsgericht
– Registergericht –
....

Als Geschäftsführer der
B-GmbH
mit dem Sitz in A-Stadt überreiche ich die Ausfertigung des Gesellschaftsvertrages mit meiner Bestellung zum Geschäftsführer und die Liste der Gesellschafter.

Ich versichere, daß die Gesellschafter das gesamte Stammkapital von 50 000,– DM in Worten: fünfzigtausend Deutsche Mark eingezahlt haben und daß sich der einbezahlte Betrag endgültig in meiner freien Verfügung als Geschäftsführer befindet[1].

(**Oder:** Ich versichere, daß jeder Geschäftsführer auf seine Stammeinlage mindestens ein Viertel eingezahlt hat und daß insgesamt 25 000,– DM eingezahlt sind. Der Gesellschafter A hat 12 500,– DM eingezahlt, der Gesellschafter B 6 250,– DM, der Gesellschafter C 6 250,– DM. Die einbezahlten Beträge befinden sich endgültig in meiner freien Verfügung als Geschäftsführer[1].)

---

1 Nach § 7 Abs. 1 GmbHG ist die Gesellschaft bei dem Gericht, in dessen Bezirk sie ihren Sitz hat, zur Eintragung in das Handelsregister anzumelden. Die Anmeldung hat nach § 78 GmbHG durch sämtliche Geschäftsführer zu erfolgen. Bei Bargründung darf die Anmeldung erst erfolgen, wenn auf jede Stammeinlage mindestens ein Viertel eingezahlt ist und der Gesamtbetrag der eingezahlten Geldeinlagen mindestens 25 000,– DM erreicht. Dabei verlangt das BayObLG (RPfleger 1980, 155 = DNotZ 1980, 646 m. abl. Anm. Kanzleiter) die ziffernmäßige Angabe der von jedem Gesellschafter einbezahlten Beträge. Wird das Stammkapital vom Alleingesellschafter oder den Gesellschaftern sofort voll einbezahlt, so genügt die Angabe, daß das Stammkapital voll einbezahlt ist (OLG Düsseldorf DNotZ 1986, 180).
Sacheinlagen sind nach § 7 Abs. 3 GmbHG vor Anmeldung zu leisten. Bei gemischter Bar- und Sacheinlage muß einschließlich der voll geleisteten Sacheinlagen und jeweils einem Viertel der bar zu zahlenden Teileinlagen insgesamt wertmäßig der Betrag von 25 000,– DM geleistet sein.
Nach § 8 Abs. 2 GmbHG haben die Geschäftsführer in der Anmeldung die Versicherung abzugeben, daß die in § 7 Abs. 2 und 3 GmbHG bezeichneten Leistungen auf die Stammeinlagen bewirkt sind und sich der Gegenstand der Leistungen endgültig in ihrer freien Verfügung befindet.

Ich vertrete die Gesellschaft allein, solange ich alleiniger Geschäftsführer bin[2]. Ich bin von den Beschränkungen des § 181 BGB befreit[3].

Die Gesellschaft hat einen oder mehrere Geschäftsführer. Ist nur ein Geschäftsführer vorhanden, so vertritt er allein[2]. Sind mehrere Geschäftsführer vorhanden, so vertreten je zwei Geschäftsführer oder ein Geschäftsführer gemeinsam mit einem Prokuristen[2]. Auch in diesem Fall kann jedem Geschäftsführer Alleinvertretungsbefugnis erteilt werden[2].

Ich melde die Gesellschaft und mich als Geschäftsführer zur Eintragung an[4].

Ich zeichne meine Unterschrift[5]:

Der Notar hat mich auf meine unbeschränkte Auskunftspflicht über gesetzliche Bestellungshindernisse belehrt. Ich versichere hierzu, daß meiner Bestellung keine Hindernisse nach § 6 Absatz 2 Satz 2 und 3 GmbHG entgegenstehen, daß ich also weder wegen einer Konkursstraftat nach den §§ 283 bis 283 d des Strafgesetzbuchs verurteilt bin, noch daß gegen mich ein Berufs- oder Gewerbeverbot eines Gerichts oder einer Behörde besteht[6].

Die Gesellschaft hat in der Satzung die Kosten der Gründung und die Gesellschaftsteuer bis zum Betrag von DM ...... übernommen. Ich versichere, daß weitere Vorbelastungen des Gesellschaftsvermögens nicht bestehen[7].

................, den ....

---

2 In der Anmeldung ist nach § 4 Abs. 4 GmbHG anzugeben, welche Vertretungsbefugnis die Geschäftsführer haben. Wiederum im Anschluß an das BayObLG (GmbHR 1981, 59) verlangen die Registergerichte die Anmeldung sowohl der konkreten Vertretungsbefugnis der anmeldenden Geschäftsführer als auch der abstrakten Vertretungsregelung insgesamt. Wird die Gesellschaft, falls mehrere Geschäftsführer bestellt sind, durch je zwei Geschäftsführer oder einen Geschäftsführer gemeinschaftlich mit einem Prokuristen vertreten, so ist in der Anmeldung zusätzlich anzugeben, daß die Gesellschaft durch einen Geschäftsführer allein vertreten wird, solange dieser alleiniger Geschäftsführer ist (BGHZ 63, 261).
3 Zur Eintragungsfähigkeit und Anmeldung der Befreiung von § 181 BGB vgl. Erl. VI 7.
4 Der Anmeldung müssen nach § 8 Abs. 1 GmbHG beigefügt sein:
  – Die notarielle Urkunde über den Gesellschaftsvertrag in Ausfertigung oder beglaubigter Abschrift nebst etwaigen Gründungsvollmachten in Urschrift oder beglaubigter Abschrift,
  – die Legitimation der Geschäftsführer, sofern dieselben nicht im Gründungsprotokoll bestellt wurden,
  – die Liste der Gesellschafter,
  – bei Sachgründungen der Sachgründungsbericht; dieser ist durch alle Gründungsgesellschafter persönlich zu unterzeichnen, Vertretung ist unzulässig (vgl. Scholz/Winter § 5 GmbHG Rz. 98 ff.),
  – bei Sachgründung weiter Unterlagen darüber, daß der Wert der Sacheinlagen den Betrag der dafür übernommenen Stammeinlagen erreicht,
  – bei Sachgründungen weiter die Verträge, die den Festsetzungen zugrunde liegen oder zu ihrer Ausführung geschlossen worden sind, im Falle der Erforderlichkeit einer staatlichen Genehmigung die Genehmigungsurkunde.
5 Die Geschäftsführer haben gem. § 8 Abs. 5 GmbHG ihre Unterschrift zur Aufbewahrung beim Registergericht zu zeichnen. Weiterhin haben sie gegebenenfalls nach § 52 GmbHG Angaben über den Aufsichtsrat der GmbH zu machen. Nach § 24 HRV ist die Lage der Geschäftsräume der Gesellschaft anzugeben.
6 S. § 8 Abs. 3 GmbHG. Im Anschluß an das BayObLG (BB 1982, 200 = RPfleger 1982, 150) verlangen die Registergerichte die inhaltliche Umschreibung von § 6 Abs. 2 und 3 GmbHG.
7 Im Anschluß an den BGH (NJW 1981, 1373) verlangen die Registergerichte bei jeder Anmeldung einer GmbH die Versicherung der Geschäftsführer, daß Vorbelastungen des Gesellschaftsvermögens nicht vorhanden sind bzw. welche Vorbelastungen bestehen. Sie gehen damit hinsichtlich der Negativversicherung über das Urteil des BGH hinaus.
  Zu einer Befreiung der Gründungsgesellschafter führt dies jedoch nur für den notwendigen Gründungsaufwand (Notar- und Gerichtsgebühren, Veröffentlichungskosten, Gründungssteuern, Beratervergütungen), der in der Satzung – nicht im Gründungsprotokoll – der Gesellschaft auferlegt wird (§ 26 Abs. 2 AktG analog, OLG Hamm GmbHR 1984, 155; dazu Schmidt-Troschke GmbHR 1986, 253).

Beglaubigung

Vorstehende Unterschriftszeichnung und Unterschrift wurden vor mir vollzogen von dem durch Lichtbildausweis ausgewiesenen

Herrn A, Kaufmann, A-Stadt.

Sie werden beglaubigt.

.................., den ....

                                                                                                               (Notar[8])

    Für sonstige Vorbelastungen haften die Gründer anteilig einschl. einer etwaigen Ausfallhaftung nach § 24 GmbHG und nicht auf den Nennbetrag ihrer Einlagen begrenzt. Das Registergericht hat Vorbelastungen gem. § 9c GmbHG zu überprüfen und gegebenenfalls die Eintragung abzulehnen. Die Geschäftsführer haben deshalb bei Anmeldung etwaige nicht satzungsgemäße Vorbelastungen anzugeben (BGH NJW 1981, 1373). Für die Praxis empfiehlt es sich, entsprechend den Anforderungen der Registergerichte wie im Muster die Negativversicherung der Geschäftsführer aufzunehmen.

[8] *Notargebühr:* a) Beglaubigung der Unterschrift ohne Entwurf ¼ Gebühr gem. § 45 KostO, b) Beglaubigung mit Entwurf ½ Gebühr gem. §§ 38 Abs. 2 Nr. 7, 145 KostO; Geschäftswert gem. § 26 Abs. 1 KostO (Stammkapital). Die Versicherung des Geschäftsführers ist mit der Anmeldung gegenstandsgleich (§ 44 Abs. 1 KostO) und nicht besonders zu bewerten. Für die Belehrung nach § 8 Abs. 3 GmbHG steht dem Notar eine besondere 5/10 Gebühr gem. § 147 Abs. 1 KostO zu; der Geschäftswert hierfür bestimmt sich nach § 30 Abs. 1 KostO. *Gerichtsgebühr* für die Eintragung: 10/10 Gebühr gem. § 79 Abs. 1 Satz 1 KostO; Geschäftswert: das Stammkapital (§ 26 Abs. 1 KostO). Außerdem fallen Auslagen für die Veröffentlichung (§ 137 Nr. 3 KostO) an.

Liste der Gesellschafter[1]   115c
(der B-GmbH mit dem Sitz in A-Stadt)

A, Kaufmann in A-Stadt   25 000,– DM

B, Kaufmann in A-Stadt   25 000,– DM

.................., den ....   *(Unterschriften der Geschäftsführer)*

[1] Nach § 8 Abs. 1 Nr. 4 GmbHG ist der Anmeldung eine von den Geschäftsführern unterschriebene Liste der Gesellschafter beizufügen, aus welcher Name, Vorname, Stand und Wohnort der Gesellschafter und der Betrag der von einem jedem derselben übernommenen Stammeinlage ersichtlich ist.

VIII. Die Sachgründung der GmbH

1. Um eine Sachgründung handelt es sich, wenn als Einlage statt einer Bareinlage andere Gegenstände als Geld (Sacheinlage) eingelegt werden. Die Unterschiede zwischen Sach- und Bareinlage sowie Beispiele für Sacheinlagen sind bereits oben bei Erl. IV 4 b, c dargelegt worden.

Der Gesellschaftsvertrag für eine Sachgründung unterscheidet sich demgemäß von der Bargründung nur in § 3 (bezogen auf Muster **115a**) hinsichtlich der Erbringung der Stammeinlagen. Als Muster **115d** folgen weiter unten drei Formulierungsvorschläge für Sachgründung durch Einbringung beweglicher Gegenstände, Sachgründung durch Einbringung von Betriebsvermögen und Sachgründung durch Einbringung eines Grundstücks.

2. Besondere praktische Schwierigkeiten im Beurkundungsverfahren ergeben sich bei der Sachgründung durch **Einbringung von Betrieben, Teilbetrieben und sonstigen**

Sachgesamtheiten. Diesem Fall soll deshalb die entsprechende Aufmerksamkeit zugewandt werden.

a) Die normale und in der Praxis immer anzustrebende Form der Einbringung von bereits bestehenden Betrieben in eine neu zu gründende GmbH ist die **Umwandlung nach dem Umwandlungsgesetz** (vgl. Kap. 125), nach der GmbH-Novelle jetzt auch bei der Einzelfirma möglich. Bei dieser Umwandlung geht das Betriebsvermögen der Einzelfirma oder Gesellschaft im Wege der Gesamtrechtsnachfolge auf die GmbH über. Das Grundbuch ist auf Antrag zu berichtigen. Erfolgt der Übergang jedoch im Wege der Sachgründung, so sind die einzelnen Vermögensgegenstände der GmbH zu übertragen, bei Grundstücken durch Auflassung. Schuldübernahmen sind vom Gläubiger zu genehmigen.

Die Betriebseinbringung im Wege der Sacheinlage läßt sich nicht vermeiden bei der **Kapitalerhöhung** und regelmäßig auch nicht bei der **Betriebsaufspaltung,** wenn nicht das gesamte Betriebsvermögen auf die GmbH übertragen werden soll, sondern z. B. nur das Umlaufvermögen unter Abspaltung des Anlagevermögens. Bisweilen bleibt die Umwandlung nach dem UmwG möglich, wenn man zuvor das Anlagevermögen auf eine beteiligungskonforme GdbR überträgt und diese umwandelt (dazu, auch zu Steuerfragen Spiegelberger MittBayNot 1980, 97 ff.). Läßt sich jedoch die Sacheinlage nicht vermeiden, so stellt sich beurkundungstechnisch das Problem, wie der Gegenstand der Sacheinlage zu konkretisieren ist. Regelmäßig wird hierzu auf die handelsrechtlich sowieso erforderliche **Schlußbilanz** des einzubringenden Unternehmens zurückgegriffen, die wegen der meist gewünschten Buchwertfortführung auch mit der Einbringungs- und Anfangsbilanz identisch ist.

b) Streitig ist, ob der **Bezug auf eine Einbringungsbilanz** erforderlich ist, und insbesondere, wann diese Bilanz vorliegen muß, ob schon zur Zeit der Vertragsbeurkundung oder erst bei Anmeldung, und schließlich, ob die Bilanz zur Urkundenanlage im Sinne von § 9 Abs. 1 S. 2 BeurkG gemacht werden muß.

Die **Praxis** (vgl. Beck'sches Formularbuch/Schmidt-Hern IX. 3 Rz. 18 ff.; Münchener Vertragshandbuch Bd. 1/Heidenhain/Meister IV. 7. Rz. 5) folgt der von Priester (BB 1980, 19) dargestellten hL, nach der folgende Grundsätze gelten:

Bei Einbringung von Unternehmen und Unternehmensteilen ist es regelmäßig zweckmäßig, zur Festsetzung des genauen Wertes der Sacheinlage im Verhältnis Gesellschaft–Gesellschafter und als Grundlage für das registergerichtliche Prüfungsrecht der Anmeldung eine Einbringungsbilanz **beizufügen.** Die Einbringungsbilanz kann, muß jedoch nicht zur Anlage des Gründungsprotokolls gemacht werden. Das Gründungsprotokoll kann auf die vorliegende oder noch zu erstellende Bilanz zum letzten Bilanzstichtag oder zum Tag der Einbringung verweisen. Bei Maßgeblichkeit einer Bilanz zum letzten Bilanzstichtag kann bestimmt werden, daß das Unternehmen ab diesem Stichtag als für Rechnung der GmbH geführt gilt.

Soll ein den Betrag der Stammeinlage übersteigender Wert der Sacheinlage dem Gesellschafter als Darlehen gutgeschrieben oder ausbezahlt werden, sog. **gemischte Sacheinlage** (Hachenburg/Ulmer § 5 GmbHG Rz. 97), so genügt die gesellschaftsvertragliche Bestimmung, daß ein sich aus der maßgeblichen Bewertung der Sacheinlage etwa ergebender Überschuß entsprechend zu behandeln ist. Seine genaue Bezifferung im Gesellschaftsvertrag ist nicht erforderlich.

Abweichend hiervon fordert Ulmer (Hachenburg/Ulmer § 5 GmbHG 112, ihm folgend Sudhoff, GmbHG, S. 157 f.) die Beifügung einer Einbringungsbilanz als Anlage des Gründungsprotokolls. Günthner (NJW 1975, 524/526) fordert die genaue Bezifferung des Darlehens- oder Auszahlungsbetrages bei der gemischten Sacheinlage. OLG Stuttgart (BB 1982, 397) fordert im Anschluß an Ulmer (Hachenburg/Ulmer § 5 GmbHG Rz. 100) bei der gemischten Sacheinlage die Angabe des Schätzwertes des gutzubringenden Gesellschafterdarlehens. Sudhoff/Sudhoff (NJW 1982, 129/133) fordern bei Bezug auf eine Einbringungsbilanz zwingend deren Beifügung als Anlage. Als Ausweg bei Unmöglichkeit rechtzeitiger Bilanzerteilung schlagen sie die Bezugnahme auf eine Übersicht der einzulegenden aktiven und passiven Vermögenswerte vor. Aus ihr könne man die unter Umständen schwer zu ermittelnden Warenvorräte ausklammern, wenn durch die übrigen Werte der Betrag der Stammeinlage erreicht werde. Da keine unteilbare Leistung vorliege, sei diese Herausnahme auch angesichts der Lehre von der gemischten Sacheinlage (Hachenburg/Ulmer § 5 GmbHG Rz. 99; Scholz/Winter § 5 GmbHG Rz. 32) zulässig. Diese vereinfachte Übersicht tritt im Sinne von § 5 Abs. 4 GmbHG und urkundentechnisch an die Stelle der nach Sudhoff/Sudhoff sonst erforderlichen Bilanz. Gemäß § 39 HGB ist für die neue GmbH dann noch die Eröffnungsbilanz auf den Beginn des Geschäftsjahres aufzustellen.

Die Praxis zumindest der süddeutschen Registergerichte weicht zunehmend von der h. L. ab und verlangt in jedem Fall der Betriebseinbringung die Verweisung auf eine der Urkunde als Anlage iS von § 19 Abs. 1 S. 2 BeurkG beigefügte Bilanz. Bis zu einer höchstrichterlichen Klärung vermeidet deshalb die als Anlage beurkundete Bilanz Schwierigkeiten mit der Eintragung im Handelsregister. Liegt die Bilanz bei Beurkundung der Sachgründung noch nicht vor, soll diese aber z. B. aus Steuergründen dennoch erfolgen, so ist nach Vorliegen der Bilanz ein Urkundennachtrag zu errichten, dem die Bilanz dann als Anlage beigefügt wird.

Sachgründung 115d

(Der Gesellschaftsvertrag bei Sachgründung unterscheidet sich von dem bei Bargründung nur hinsichtlich der Erbringung der Stammeinlagen. S. deshalb im übrigen Muster 115a)

1. Einbringung beweglicher Gegenstände

§ 3 Stammkapital, Stammeinlagen

Das Stammkapital der Gesellschaft beträgt 100 000,– DM. Hierauf übernimmt der Gesellschafter A eine Stammeinlage von 50 000,– DM. Er erbringt diese Stammeinlage durch Einbringung der in der Anlage 1 zu dieser Urkunde bezeichneten Gegenstände.

Der Gesellschafter B übernimmt ebenfalls eine Stammeinlage von 50 000,– DM. Er erbringt diese Stammeinlage durch Einbringung der in der Anlage 2 zu dieser Urkunde bezeichneten Gegenstände.

Die einzubringenden Gegenstände sind sofort auf die Gesellschaft zu übereignen[1].

---

1 Vor Anmeldung der Gesellschaft sind die Sacheinlagen zu erbringen, § 7 Abs. 3 GmbHG. Sie sind also nach den für den jeweiligen Gegenstand der Sacheinlage geltenden Vorschriften der Gesellschaft in Gründung, vertreten durch die Geschäftsführer, zu übereignen. Bei Grundstücken ist nach § 925 BGB dabei Auflassung erforderlich, die zweckmäßigerweise im Gründungsmantel nach der Bestellung der Geschäftsführer mitbeurkundet wird. Bei der Anmeldung der Sachgründung haben die Gesellschafter zu versichern, daß die Sacheinlagen voll erbracht sind und sich endgültig in ihrer freien Verfügung befinden.

2. Einbringung von Betriebsvermögen

§ 3 Stammkapital, Stammeinlagen

Das Stammkapital der Gesellschaft beträgt 200 000,– DM. Der Gesellschafter A übernimmt eine Stammeinlage von 50 000,– DM, die er sofort in bar zu erbringen hat.

Der Gesellschafter B übernimmt eine Stammeinlage von 150 000,– DM, die er als Sacheinlage durch Einbringung des gesamten Betriebsvermögens seines unter der Firma B betriebenen einzelkaufmännischen Unternehmens mit allen Aktiven und Passiven zu erbringen hat. Gemäß der Bilanz zum ......, die der Anmeldung beigefügt ist, wird der Wert des eingebrachten Unternehmens mit 160 820,– DM angesetzt. Der den Betrag der Stammeinlage überschreitende Wert der Sacheinlage von 10 820,– DM wird dem Gesellschafter B als Darlehen gutgeschrieben. Alle Gegenstände des einzelkaufmännischen Unternehmens sind sofort auf die Gesellschaft zu übereignen[1]. Das einzelkaufmännische Unternehmen gilt mit schuldrechtlicher Wirkung ab dem Stichtag der Bilanz als für Rechnung der GmbH geführt.

3. Einbringung eines Grundstücks

§ 3 Stammkapital, Stammeinlagen

Der Gesellschafter B erbringt seine Einlage in Höhe von 150 000,– DM als Sacheinlage durch Übereignung des Grundstücks (Beschrieb) auf die Gesellschaft[1]. Gemäß dem Schätzgutachten des öffentlichen Schätzers der Gemeinde A wird der Wert des Grundstücks mit 180 000,– DM angenommen. Der überschießende Betrag von 30 000,– DM wird dem Gesellschafter B als Gesellschafterdarlehen gutgeschrieben.

115e Sachgründungsbericht[1]

Als Gründungsgesellschaft der B-GmbH in A-Stadt überreichen wir die Unterlagen über die Bewertung der Sacheinlage, hier die Bilanz der Einzelfirma A zum 31. 12. .... Die Bewertungen sind nach den Grundsätzen ordentlicher Buchführung unter Beachtung des Vorsichtsgrundsatzes vorgenommen und liegen unter den voraussichtlich erzielbaren Erlösen. Die Sacheinlage hat also mindestens den im Gesellschaftsvertrag festgestellten Wert. Die Jahresergebnisse der beiden letzten Geschäftsjahre entsprechen dem vergangenen Geschäftsjahr. Hierfür wird auf die beigefügten Bilanzen der beiden vorangegangenen Geschäftsjahre verwiesen.

................, den ....   (Unterschriften der Gründungsgesellschafter)

---

1 Im Sachgründungsbericht haben die Gesellschafter die für die Angemessenheit der Leistungen für Sacheinlagen wesentlichen Umstände darzulegen und beim Übergang eines Unternehmens auf die Gesellschaft die Jahresergebnisse der beiden letzten Geschäftsjahre anzugeben. Der Sachgründungsbericht soll verdeutlichen, welche Überlegungen für den Einlagewert sprechen. Hilfreich sind jeweils Sachverständigengutachten, soweit eine testierte Bilanz nicht vorgelegt werden kann. Das Registergericht darf die GmbH nur eintragen, wenn es gemäß § 9c GmbHG von der Deckung der Stammeinlagen überzeugt ist. Andernfalls muß es weitere Aufklärung, insbesondere durch Sachverständige, verlangen.

Kapitel 116
Einmann-Gründung

Seit der GmbH-Novelle 1980 ist die Einmann-Gründung zulässig und in der Praxis häufig. Dogmatische Bedenken (Hüffer ZHR 142, 486; Ulmer BB 1980, 1001) haben sich nicht durchgesetzt. Die alte „Strohmann-Gründung" wird nur noch praktiziert, wenn das Kapital nicht voll aufgebracht werden kann. Zum Schutz des Rechtsverkehrs hat die GmbH-Novelle die Einmann-Gründung mit Sondervorschriften hinsichtlich der Erbringung des Stammkapitals, des Verbots des Selbstkontrahierens und der Protokollierung von Gesellschafterbeschlüssen versehen. Nach § 7 Abs. 2 S. 3 GmbHG kann die Anmeldung der Einmann-GmbH zum Handelsregister bei Bargründung erst erfolgen, wenn entweder das Kapital voll einbezahlt ist oder ein Viertel, mindestens 25 000,– DM, einbezahlt ist und für den übrigen Teil der Geldeinlage eine Sicherung bestellt ist. Nach hM ist die Sicherheit in einer der Formen des § 232 BGB zu leisten (OLG Frankfurt RPfleger 1983, 318), bevorzugt durch Bankbürgschaft oder Grundpfandrecht. Entsprechendes gilt nach § 19 Abs. 4 GmbHG, wenn sich innerhalb von drei Jahren nach Eintragung einer Mehrmann-GmbH alle Geschäftsanteile in der Hand eines Gesellschafters vereinigen.

§ 35 Abs. 4 GmbHG regelt die **Anwendung des § 181 BGB** auf Rechtsgeschäfte des alleinigen Gesellschafter-Geschäftsführers mit sich selbst. Der Ausschluß des § 181 BGB in der Satzung ist deshalb, insbesondere auch aus steuerlichen Gründen (Heinemann GmbHR 1985, 177), empfehlenswert. Die zunächst vorgeschlagene Klausel, daß die Befreiung von § 181 BGB dann eintritt, wenn ein alleiniger Gesellschafter alleiniger Geschäftsführer der GmbH ist, ist unzulässig und nicht eintragungsfähig, da sich aus dem Handelsregister der Gesellschafterbestand nicht ergibt (BGH NJW 1983, 1676 = GmbHR 1983, 269). Bei entsprechender Satzungsermächtigung kann der Alleingesellschafter einen Beschluß über seine Befreiung von § 181 BGB als Geschäftsführer fassen, ohne daß dem § 181 BGB oder das Stimmverbot des § 47 Abs. 4 S. 2 GmbHG entgegenstehen (BayObLG GmbHR 1985, 116).

Schließlich sind nach § 48 Abs. 3 GmbHG die Gesellschafterbeschlüsse der Einmann-GmbH niederzuschreiben und vom Gesellschafter zu unterschreiben. Diese **Protokollierungspflicht** ist wiederum insbesondere bei steuerlich relevanten Beschlüssen strikt zu beachten.

Gesellschaftsvertrag der Einmann-GmbH (Mindestinhalt)[1]   116a

Geschehen zu A-Stadt am ....

Vor dem unterzeichneten Notar ......
ist anwesend der persönlich bekannte Herr B, Kaufmann in A-Stadt ....
Er erklärt die folgende

---

1 Die Satzung der Einmann-GmbH kann und sollte im Regelfall knapp gehalten werden. Die auf Dauer angelegte Einmann-GmbH kann sich, da Gesellschafterstreitigkeiten ausgeschlossen sind, mit dem Mindestinhalt nach § 3 GmbHG, der Regelung der Geschäftsführung und der Kostentragungsklausel begnügen. Bei später etwa hinzutretenden Gesellschaftern kann man auf den Zeitpunkt von deren Eintritt unter Berücksichtigung der dann bestehenden Situation und der Wünsche aller Gesellschafter eine sachgerechte Erweiterung der Satzung vornehmen.

Gründung einer Einmann-GmbH:

§ 1 Firma, Sitz

Die Firma der Gesellschaft lautet B-GmbH.

Die Gesellschaft hat ihren Sitz in A-Stadt.

§ 2 Gegenstand

Gegenstand des Unternehmens ist der Betrieb einer Gebäudereinigung.

§ 3 Stammkapital, Stammeinlage

Das Stammkapital beträgt 50 000,– DM (in Worten: fünfzigtausend Deutsche Mark).

Hierauf übernimmt der Gesellschafter B, Kaufmann in A-Stadt, eine Stammeinlage von 50 000,– DM.

§ 4 Geschäftsführer

Die Gesellschaft hat einen Geschäftsführer. Er vertritt die Gesellschaft allein und ist von den Beschränkungen des § 181 BGB befreit.

Zum ersten Geschäftsführer wird hiermit der Kaufmann B in A-Stadt bestellt.

§ 5 Kosten, Steuern

Die Kosten und Steuern der Gründung bis zum Betrag von 3 000,– DM trägt die Gesellschaft.

(Schlußvermerke, Belehrungen[2])

---

[2] *Notargebühr* für die Beurkundung der Errichtung: $^{10}/_{10}$ Gebühr gem. § 36 Abs. 1 KostO; Geschäftswert: § 39 Abs. 1 KostO (Stammkapital). Daneben ist für die beschlußmäßige Bestellung eines Geschäftsführers eine $^{20}/_{10}$ Gebühr nach § 47 KostO zu erheben; Geschäftswert gem. §§ 27 Abs. 1 und 2, 26 KostO; da es sich um eine Neugründung handelt, kann bei der Berechnung (§ 26 Abs. 3 KostO) statt vom Betriebsvermögen vom Stammkapital ausgegangen werden.

116b Anmeldung der Einmann-GmbH

*An das
Amtsgericht
– Registergericht –
A-Stadt*

Zur Eintragung in das Handelsregister überreiche ich die Ausfertigung der Urkunde über die Gründung der B-GmbH mit dem Sitz in A-Stadt, die auch meine Bestellung zum Geschäftsführer enthält, und die Liste des Gesellschafters.

Ich versichere, daß ich das Stammkapital von 50 000,– DM voll einbezahlt habe und daß sich der einbezahlte Betrag endgültig in meiner freien Verfügung als Geschäftsführer befindet.

Ich zeichne meine Unterschrift:
(gez. B)

Ich vertrete die Gesellschaft immer allein und bin von den Beschränkungen des § 181 BGB befreit.

Die Gesellschaft hat einen Geschäftsführer, der sie allein vertritt und von den Beschränkungen des § 181 BGB befreit ist.

Ich melde die Gesellschaft und mich als Geschäftsführer zur Eintragung an.

Ich versichere, daß keine Umstände vorliegen, die meiner Bestellung nach § 6 Abs. 2 Satz 2 und 3 GmbHG entgegenstehen, und daß ich über meine unbeschränkte Auskunftspflicht gegenüber dem Gericht durch den unterzeichneten Notar belehrt worden bin. Ich wurde niemals wegen eines Konkursdelikts nach §§ 283 bis 283d des Strafgesetzbuchs verurteilt. Mir ist zur Zeit weder durch gerichtliches Urteil noch durch vollziehbare Entscheidung einer Verwaltungsbehörde die Ausübung eines Berufs, Berufszweiges, Gewerbes oder Gewerbezweiges untersagt.

Der unterzeichnete Notar hat mich darauf hingewiesen, daß ich zur Vermeidung einer Differenzhaftung anzugeben habe, inwieweit das Stammkapital der Gesellschaft bereits durch Verbindlichkeiten vorbelastet ist. Ich erkläre hierzu, daß Vorbelastungen über den in der Satzung übernommenen Betrag von 3 000,- DM hinaus nicht bestehen.

Die Geschäftsräume der Gesellschaft befinden sich in A-Stadt, ... Straße Nr. ....

.............., den ....   (Unterschrift, Beglaubigungsvermerk[1])

---

[1] *Notar-* und *Gerichtsgebühr* wie Muster **115b** Anm. 8.

Gesellschafterliste 116c

*Liste des Gesellschafters der B-GmbH
mit dem Sitz in A-Stadt*

A, Kaufmann in A-Stadt   50 000,- DM

A-Stadt, den ....

Kapitel 117

Der GmbH-Geschäftsführervertrag

I. Gestaltung und Bedeutung des Geschäftsführervertrages

Neben der Haftungsbeschränkung spricht für die Rechtsform der GmbH vor allem die Möglichkeit, durch einen zivilrechtlich und steuerrechtlich unangreifbar gestalteten Geschäftsführervertrag steuerliche und sozialrechtliche Vorteile zu erzielen. Die Bezüge des Gesellschafter-Geschäftsführers unterliegen anders als bei der GmbH & Co. KG nicht der Gewerbesteuer. Die betriebliche Altersversorgung des Gesellschafter-Geschäftsführers führt nicht nur zur gewerbesteuerlichen, sondern auch zu körperschaftsteuerlichen und damit einkommensteuerlichen Entlastungen. Schließlich wird dem bisher als Selbständigen nicht sozialversicherten Gesellschafter-Geschäftsführer der Weg in die Rentenversicherung eröffnet.

Die sorgfältige schriftliche Fixierung des Geschäftsführervertrages ist immer empfehlenswert. Erforderlich ist sie aus steuerlichen Gründen beim herrschenden Gesellschafter-Geschäftsführer, der eine Beteiligung von mindestens 50% hat, wobei GmbH-Anteile von Ehegatten und minderjährigen Kindern hinzugerechnet werden (BFH BStBl. 1974 II, 497). Bei diesem werden nur die auf einer klaren und von vorneherein getroffenen Vereinbarung beruhenden Bezüge als Betriebsausgaben anerkannt (BFH BStBl. 1972 II, 721; 1976 II, 734).

Der Gestaltung des Geschäftsführervertrags kommt damit große Bedeutung zu. Im Idealfall wirken Vertragsjurist, Steuerberater und Sozialrechtler zusammen. Ständige Überprüfung anhand der neuesten Gesetzgebung und Rspr. ist notwendig.

II. Einzelfragen

1. Stellung und Bestellung des Geschäftsführers

Der Geschäftsführervertrag ist regelmäßig **Dienstvertrag** nach §§ 611 ff. BGB (allgemein zum Dienstvertrag vgl. Kap. 27). Über seine Stellung als Arbeitnehmer hinaus hat der Geschäftsführer zivilrechtlich eine **arbeitgeberähnliche Funktion,** die beim angestellten Geschäftsführer schwächer ausgebildet ist, sich aber beim beherrschenden Gesellschafter-Geschäftsführer verstärkt (Scholz/U. Schneider GmbHG § 35 Rz. 130 ff.).

Steuerlich ist der Geschäftsführer **Arbeitnehmer,** dessen gesamte Bezüge Einkünfte aus nichtselbständiger Tätigkeit sind. Er ist nicht Mitunternehmer, auch nicht faktischer Mitunternehmer, wie sich aus den Grundsätzen der Entscheidung BFH GmbHR 1985, 378 entsprechend der ganz hL ergibt (Tillmann, Der Geschäftsführervertrag bei der GmbH und GmbH & Co., 4. Aufl. 1986, Rz. 21 mwN). Dies gilt auch für den Gesellschafter-Geschäftsführer der Einmann-GmbH.

2. Geschäftsführungs- und Vertretungsbefugnis

Die **Vertretungsbefugnis** des Geschäftsführers ist dispositiv. Aus dem Handelsregister ergibt sich in jedem Fall, wie jeder Geschäftsführer vertritt. Der Umfang der Vertretungsbefugnis ist im Außenverhältnis nicht beschränkbar, § 37 Abs. 1 GmbHG. Im Verhältnis zur Gesellschaft sind jedoch Beschränkungen der **Geschäftsführungsbefugnis** möglich. Häufig sind **Zustimmungskataloge,** in denen die Geschäfte aufgeführt werden, zu deren Vorname der Geschäftsführer der vorherigen Zustimmung der Gesellschafterversammlung bedarf. Die Aufnahme derartiger Zustimmungskataloge in die Satzung der GmbH ist unzweckmäßig, da sie infolge der Änderung von Inhalt und Umfang der Tätigkeit der Gesellschaft, der Geldentwertung und der Zusammensetzung und der Aufgabenbereiche der Geschäftsführer Änderungen unterliegen können, die dann immer nur im Wege der förmlichen Satzungsänderung zu verwirklichen sind. Deshalb empfiehlt sich, will man von Zustimmungskatalogen nicht gänzlich absehen, ihre Aufnahme in den Geschäftsführervertrag.

Da die Vertretungsbefugnis der Geschäftsführer im Außenverhältnis auch dann nicht beschränkbar ist, wenn der Geschäftspartner die Beschränkung kennt, bleibt zur Sicherstellung der Gesellschaft vor untreuem Verhalten des Geschäftsführers im Rechtsverkehr nur die Möglichkeit der Anordnung der **Gesamtvertretung.** Diese wird regelmäßig nach dem „**Vier-Augen-Prinzip**" in der Form angeordnet, daß je zwei Geschäftsführer oder ein Geschäftsführer in Gemeinschaft mit einem Prokuristen die GmbH vertreten. Bei größeren GmbH ist dies in der Wirtschaft die Regel. Bei kleineren GmbH auf gegenseitiger Vertrauensbasis und bei Eigen-Geschäftsführung empfiehlt sich jedoch regelmäßig die Einzelvertretung. Zur Befreiung von § 181 BGB vgl. Kap. 115 VI 7.

3. Nebentätigkeitsverbot, Wettbewerbsverbot

Nebentätigkeits- und Wettbewerbsverbote für die Zeit der Anstellung sind häufig und regelmäßig angemessen. Wettbewerbsverbote beim angestellten Geschäftsführer für die Zeit nach dessen Ausscheiden aus der Gesellschaft liegen zwar im Interesse der Gesellschaft, sind jedoch regelmäßig für den angestellten Geschäftsführer, der meist nur eine Wiederanstellung in derselben Branche finden kann, unzumutbar.

4. Bezüge, sonstige Leistungen

Den Geschäftsführern werden regelmäßig außer den laufenden Bezügen auch Umsatz- und Gewinntantiemen, Kraftfahrzeug- und Telephonnutzung, sonstige Sachleistungen, Spesenersatz, betriebliche Altersversorgung, Prämienzahlung an Versicherungen, betriebsübliche Annehmlichkeiten und sonstige betriebliche Nebenleistungen wie Heirats- und Geburtsbeihilfen, Jubiläumsgeschenke, Abfindungen u. ä. gewährt. Diese Bezüge einschließlich aller Nebenleistungen sind beim Fremdgeschäftsführer zur Vermeidung von Streit, aber auch beim Gesellschafter-Geschäftsführer im Geschäftsführervertrag genauestens zu beschreiben. Denn beim beherrschenden Gesellschafter-Geschäftsführer gilt steuerlich ein Nachzahlungsverbot des Inhalts, daß Vergütungen für Dienstleistungen in der Vergangenheit nicht als Betriebsausgaben anerkannt werden, sondern als verdeckte Gewinnausschüttungen behandelt werden (Tillmann aaO Rz. 93 mwN).

Die Bezüge und Nebenleistungen müssen beim Gesellschafter-Geschäftsführer angemessen sein, um als Betriebsausgabe anerkannt zu werden (BFH BStBl. 1978 II, 235; Näser GmbHR 1985, 253). Hier sind insbesondere die sogenannten Kienbaum-Studien hilfreich (vgl. Tänzer GmbHR 1984, 35; 1986, 255; Einzelheiten bei Tillmann aaO Rz. 86–111).

5. Pensionszusagen

Pensionszusagen sind häufig und wichtig, weil die Rente aus der gesetzlichen Rentenversicherung die Aufrechterhaltung des Lebensstandards des Geschäftsführers nicht erlaubt (Einzelheiten bei Tillmann aaO Rz. 112–152). Bei kleineren GmbH ist die **Firmendirektversicherung,** bei der von der GmbH für den Geschäftsführer bei einer Versicherungsgesellschaft eine Lebensversicherung abgeschlossen wird, wegen ihrer einfachen Handhabbarkeit besonders praktisch. Die GmbH kann die Aufwendungen für die Lebensversicherung als Betriebsausgabe absetzen. Der Geschäftsführer hat aus den gezahlten Prämien Lohnsteuer zu zahlen, wobei nach § 40b EStG bis zu einem Betrag von DM 2400 lediglich 10 % Lohnsteuer zuzüglich pauschaler Kirchensteuer angesetzt werden.

Bei der eigentlichen **betrieblichen Pensionszusage** darf die Gesellschaft körperschaft- und gewerbesteuermindernde Rückstellungen nach § 6a EStG bilden. Der begünstigte Geschäftsführer hat erst beim tatsächlichen Zufluß der Rente im Pensionsalter Einkommensteuer zu zahlen.

Auch beim **beherrschenden Gesellschafter-Geschäftsführer** ist nach geänderter BFH-Rspr. eine Pensionszusage auf das 65. Lebensjahr möglich (BFH DB 1982, 982).

Zur **Insolvenzsicherung** gemäß §§ 7, 17 BetrAVG vgl. Hennerkes/Binz/Rauser/Würzberger GmbHR 1984, 59.

Zur **Sozialversicherung** des Gesellschafter-Geschäftsführers vgl. Figge GmbHR 1974, 53; 1986, 185.

117a   Geschäftsführervertrag

Zwischen den Gesellschaftern der A-GmbH und Herrn B wird der folgende Geschäftsführervertrag[1] geschlossen:

§ 1

Herr B übernimmt ab ...... die Stellung als Geschäftsführer der A-GmbH, und zwar vorläufig allein. Die Gesellschaft kann jederzeit neben ihm andere Geschäftsführer oder Prokuristen bestellen und die Vertretungsmacht und Geschäftsführung neu regeln[2].

Dieser Vertrag wird zunächst auf die Dauer von 3 Jahren geschlossen. Wird er nicht ein halbes Jahr vor Ablauf mittels eingeschriebenen Briefes gekündigt, so verlängert sich seine Geltungsdauer jeweils um die Dauer eines weiteren Jahres und kann mit halbjähriger Frist gekündigt werden[3].

Das Dienstverhältnis kann bei Vorliegen eines wichtigen Grundes schon vor Ablauf der vorgesehenen Vertragszeit gekündigt werden. Als wichtiger Grund ist auch anzusehen, wenn der Geschäftsführer länger als ein Jahr durch Krankheit oder andere unverschuldete Ursachen in der Ausübung seiner Tätigkeit verhindert ist. Wichtige Gründe sind weiterhin die Liquidation der Gesellschaft und schwere Verstöße des Geschäftsführers gegen die Weisungen der Gesellschafterversammlung.

§ 2

Der Geschäftsführer führt die Geschäfte nach Maßgabe der Gesetze, der Satzung der Gesellschaft und der Beschlüsse der Gesellschafterversammlung. Er wird seine Arbeitskraft ausschließlich der Gesellschaft widmen. Die Übernahme einer entgeltlichen oder unentgeltlichen Nebentätigkeit oder von Ehrenämtern bedarf der vorherigen Zustimmung der Gesellschafter. Herr B wird sich während der Dauer seines Anstellungsvertrages nicht an einem Unternehmen beteiligen, das mit der Gesellschaft in Konkurrenz steht oder mit dieser Geschäftsbeziehungen unterhält.

§ 3[4]

Der Geschäftsführer erhält als Vergütung für seine Tätigkeit ein Jahresgehalt von DM ......, das in zwölf gleichen Raten am Ende eines jeden Monats gezahlt wird. Er erhält weiter eine garantierte Tantieme in Höhe von DM ......, zahlbar jeweils im Dezember eines Jahres. Er erhält weiter eine vom Gewinn abhängige Tantieme in Höhe von ...... % des Jahresgewinns, auf die die garantierte Tantieme anzurechnen ist. Die Tantieme wird in sinngemäßer Anwendung von § 86 Abs. 2 AktG berechnet nach dem Reingewinn (ohne Gewinnvortrag aus dem Vorjahr), der sich nach der Vornahme von Abschreibungen und

---

1 Wegen der grundsätzlichen Fragen der Bedeutung des Geschäftsführervertrages sowie wegen einer Reihe von Einzelfragen ist für dieses Muster auf die oben stehenden Erläuterungen I und II zu verweisen.
2 Soweit die Satzung – wie hier – der Gesellschafterversammlung die Möglichkeit zu individueller Regelung der Vertretung bietet, ist ein entsprechender Gesellschafterbeschluß zu fassen und zur Eintragung im Handelsregister anzumelden. Aus dem Handelsregister ergibt sich in jedem Falle, wie jeder Geschäftsführer vertritt.
3 Ohne eine abweichende vertragliche Vereinbarung greift die gesetzliche Regelung ein, und die Kündigungsfrist ergibt sich aus § 622 Abs. 1 Satz 1 BGB (BGH GmbHR 1985, 312).
4 Im Interesse eines harmonischen Verhältnisses zwischen Gesellschaft und Geschäftsführer, zumal wenn dieser Fremdgeschäftsführer ist, sollte der Geschäftsführervertrag so wenig potentiellen Konfliktstoff wie möglich enthalten. Aus diesem Grunde empfiehlt sich dringend, im Geschäftsführervertrag sämtliche Bezüge und sonstigen Leistungen für den Geschäftsführer eindeutig und präzise festzulegen, so daß keine Zweifel und Auseinandersetzungen hierüber aufkommen können. Näher Erl. II 4 und 5.

Wertberichtigungen sowie nach Bildung von Rücklagen und Rückstellungen ergibt. Abzusetzen ist von ihr der Teil des Gewinns, der durch die Auflösung von Rücklagen entstanden ist.

Weiterhin erhält der Geschäftsführer nach Maßgabe eines Beschlusses der Gesellschafterversammlung einen Firmenwagen, der auch zu privaten Zwecken benutzt werden kann. Die auf ihn entfallende Steuer trägt der Geschäftsführer.

§ 4

Der Geschäftsführer hat Anspruch auf einen Jahresurlaub von 30 Arbeitstagen.

§ 5[4]

Zur Alters- und Hinterbliebenenversorgung des Geschäftsführers schließt die Gesellschaft auf das Leben des Geschäftsführers eine Lebensversicherung mit unwiderruflichem Bezugsrecht ab. Die Versicherungssumme beträgt DM ...... bei Unfalltod DM .... Die Versicherungsprämien werden während der Laufzeit des Geschäftsführervertrages von der Gesellschaft gezahlt und dem steuerpflichtigen Einkommen des Geschäftsführers hinzugerechnet. Bezugsberechtigt sind der Geschäftsführer und im Falle seines Todes die von ihm bestimmten Personen, hilfsweise seine Erben. Die Versicherungssumme ist fällig beim Tod des Geschäftsführers, dem Eintritt der Dienstunfähigkeit oder der Erreichung des 65. Lebensjahres.

Endet der Geschäftsführervertrag vor Ablauf von 10 Jahren, verliert der Geschäftsführer die Ansprüche aus dem Versicherungsvertrag. In diesem Fall wird die Gesellschaft ihm jedoch die auf die Prämien gezahlten Steuern erstatten. Endet der Anstellungsvertrag nach mindestens zehnjähriger Laufzeit, ohne daß dies auf einem Verschulden des Geschäftsführers beruht, so wird die Gesellschaft den Versicherungsvertrag auf den Geschäftsführer übertragen.

Anmeldung eines Geschäftsführerwechsels 117b

An das Amtsgericht
– Registergericht –
A-Stadt

Zum Handelsregister der B-GmbH mit dem Sitz in A-Stadt überreichen wir den Gesellschafterbeschluß vom ...... und melden zur Eintragung an[1]:

---

1 Die Bestellung und Abberufung eines Geschäftsführers ist zur Eintragung im Handelsregister anzumelden, § 39 Abs. 1 GmbHG. Die Anmeldung erfolgt nach § 12 HGB in öffentlich beglaubigter Form durch die Geschäftsführer in vertretungsberechtigter Zahl. Der neu bestellte Geschäftsführer kann seine Bestellung selbst anmelden oder mitanmelden. Bei der Anmeldung der Vertretungsbefugnis genügt die Bezeichnung der konkreten Vertretungsbefugnis, da die abstrakte Vertretungsbefugnis ja bereits angemeldet und eingetragen ist. Der neue Geschäftsführer hat seine Unterschrift zur Aufbewahrung beim Bericht zu zeichnen, § 39 Abs. 4 GmbHG, § 53 Abs. 2 HGB. Der Anmeldung ist der Gesellschafterbeschluß über die Abberufung und Neubestellung in Urschrift oder beglaubigter Abschrift beizufügen, § 39 Abs. 3 GmbHG.
Die Geschäftsführer müssen in der Anmeldung versichern, daß keine Umstände vorliegen, die ihrer Bestellung zum Geschäftsführer entgegenstehen, und daß sie über ihre unbeschränkte Auskunftspflicht gegenüber dem Gericht belehrt wurden, § 39 Abs. 3 GmbHG.
Außer durch Abberufung kann ein Geschäftsführer durch Kündigung, Amtsniederlegung oder Tod ausscheiden. Dies ist dann entsprechend anzumelden. Die nach § 39 Abs. 2 GmbHG vorzulegende Urkunde ist dann das Kündigungsschreiben, das Schreiben über die Amtsniederlegung oder die Todesurkunde.

1. Der Geschäftsführer C wurde abberufen.
2. Zum neuen Geschäftsführer wurde D, ... (Beruf, Privatanschrift) bestellt. Er vertritt die Gesellschaft gemeinschaftlich mit einem anderen Geschäftsführer oder einem Prokuristen.

Der neue Geschäftsführer D zeichnet seine Unterschrift:

(Unterschriftszeichnung)

Der neue Geschäftsführer D versichert, daß seiner Bestellung keine gesetzlichen Hinderungsgründe entgegenstehen, daß er also nicht wegen eines Konkursdeliktes verurteilt worden ist und daß gegen ihn kein Berufs- oder Gewerbeverbot eines Gerichts oder einer Behörde besteht, und daß ihn der unterzeichnete Notar über seine unbeschränkte Auskunftspflicht gegenüber dem Gericht belehrt hat.

Der zuletzt festgestellte Einheitswert des Betriebsvermögens der Gesellschaft beträgt DM ....

..............., den ....

(Unterschrift, Beglaubigungsvermerk[2])

---

[2] *Notargebühren* wie Muster **115b**, Anm. 8; Geschäftswert gem. §§ 26 Abs. 2, 3, 4, 5, 39 Abs. 1 KostO. *Gerichtsgebühr:* Das Doppelte der vollen Gebühr gem. § 79 Abs. 1 Satz 2 KostO; Geschäftswert wie vor. Daneben erfallen Auslagen für die Veröffentlichungen (§ 137 Nr. 3 KostO).

Kapitel 118

Sitzverlegung der GmbH

Zum Sitz der GmbH vgl. Kap. 115 IV 2. Die Sitzverlegung ist Satzungsänderung, vgl. dazu Kapitel 119.

118a Sitzverlegungsbeschluß mit Anmeldung

Geschehen zu A-Stadt am ......

Vor dem unterzeichneten Notar ......
sind erschienen, persönlich bekannt:
(Personalien der Erschienenen)

Die Erschienenen sind die vollzähligen Gesellschafter der B-GmbH mit dem Sitz in A-Stadt. Sie treten unter Verzicht auf Formen und Fristen der Einberufung zu einer Gesellschafterversammlung zusammen und beschließen die folgende

Sitzverlegung[1] und Satzungsänderung:

Wir verlegen den Sitz der B-GmbH von A-Stadt nach C-Stadt. Neue Geschäftsadresse ist C-Stadt, D-Straße Nr. 1.

Wir ändern § 1 Satz 2 der Satzung so, daß er nunmehr lautet:

„Sitz der Gesellschaft ist C-Stadt."

Die Kosten trägt die Gesellschaft.

Der Gesellschafter B als Geschäftsführer der Gesellschaft meldet die Sitzverlegung und Satzungsänderung hiermit zur Eintragung an.

Ausfertigung dem Amtsgericht – Registergericht – A-Stadt mit vollständigem Wortlaut der Satzung, eine beglaubigte Abschrift der Gesellschaft.

Vorgelesen, genehmigt und unterschrieben[1]:

---

[1] *Notargebühren:* a) für die Beurkundung der Beschlüsse der Gesellschafterversammlung ²⁰/₁₀ Gebühr gem. § 47 KostO, b) für die Beurkundung der Anmeldung der Sitzverlegung und Satzungsänderung ⁵/₁₀ Gebühr gem. § 38 Abs. 2 Nr. 7 KostO; Geschäftswert: zu a) §§ 27 Abs. 1, 2, 26 Abs. 3 KostO, zu b) § 26 Abs. 2–5 KostO. *Gerichtsgebühr:* ²⁰/₁₀ Gebühr gem. § 79 Abs. 2 Satz 2 KostO. Diese Gebühr wird bei beiden Gerichten (A-Stadt und C-Stadt) mit einem Geschäftswert gem. § 26 Abs. 4, 5 KostO angesetzt.

Kapitel 119
Änderung der Satzung der GmbH

1. Satzungsänderungen bedürfen nach § 53 GmbHG eines notariell beurkundeten **Gesellschafterbeschlusses** (Muster **119 a**) mit einer Mehrheit von ¾ der abgegebenen Stimmen, soweit nicht der Gesellschaftsvertrag weitere verschärfende Erfordernisse aufstellt. Vertretung mit privatschriftlicher Vollmacht ist möglich, § 47 Abs. 3 GmbHG. Jede Änderung des Wortlauts der Satzung ist Satzungsänderung. Die Unterscheidung der **Änderung sog. unechter Satzungsbestandteile** von der Satzungsänderung (BGHZ 18, 205, dazu Priester DB 1979, 681) ist möglich, aber in der Praxis zu vermeiden. Möglich sind auch **Satzungsdurchbrechungen** im Einzelfall, die wie Satzungsänderungen zu beurkunden und anzumelden sind (vgl. Fischer/Lutter/Hommelhoff GmbHG § 53 Rz. 11).

Im Einzelfall kann sich eine Verpflichtung zur Satzungsänderung aus der gesellschaftlichen Treupflicht ergeben (Fischer/Lutter/Hommelhoff GmbHG § 53 Rz. 13). Die Leistungsvermehrung bedarf nach dem zwingenden § 53 Abs. 3 GmbHG immer der Zustimmung aller Gesellschafter.

2. Bei Satzungsänderungen von GmbH, die vor dem 1. 1. 1986 im Handelsregister eingetragen wurden, ist, soweit es sich um eine erstmalige Satzungsänderung nach dem 1. 1. 1986 handelt, die **Registersperre** nach Art. 12 § 7 Abs. 2 der GmbH-Novelle 1980 in der Fassung des Bilanzrichtliniengesetzes 1985 (BGBl. I, 2355/2432) zu beachten (dazu Kap. 115 VII 3 f). Die Satzungsänderung kann in diesem Fall nur dann in das Handelsregister eingetragen werden, wenn zugleich ein Beschluß über die Gewinnverwendung gefaßt und angemeldet ist.

3. Die Beurkundung kann entweder in der vereinfachten Form der Beurkundung von sonstigen Tatsachen oder Vorgängen nach §§ 36 f. BeurkG oder der üblichen Form der Beurkundung von Willenserklärungen nach §§ 8 ff. BeurkG erfolgen. Letztere Form ist erforderlich, wenn nicht nur die Gesellschafterbeschlüsse wiederzugeben sind, sondern auch noch andere beurkundungspflichtige rechtsgeschäftliche Erklärungen abgegeben wurden (Keidel/Kuntze/Winkler FGG/BeurkG vor § 36 Rz. 12).

4. Die Satzungsänderung ist nach § 54 GmbHG zur Eintragung in das Handelsregister **anzumelden** (Muster **119 b**) und äußert erst mit Eintragung rechtliche Wirkung. Der Anmeldung ist der **vollständige Wortlaut des Gesellschaftsvertrages** mit der Bescheinigung eines Notars beizufügen, daß die geänderten Bestimmungen des Gesellschaftsvertrages mit dem Beschluß über die Änderung des Gesellschaftsvertrages und die unveränderten Bestimmungen mit dem zuletzt zum Handelsregister eingereichten vollstän-

Langenfeld

digen Wortlaut des Gesellschaftsvertrages übereinstimmen. Bei der Anmeldung genügt grds. die Bezugnahme auf den beurkundeten Änderungsbeschluß. Immer mehr Registergerichte verlangen allerdings bei einer Änderung des zwingenden Inhalts der Satzung nach § 3 GmbHG die ausdrückliche Anmeldung, daß die Firma, der Gegenstand usw. geändert wurde. Dem trägt das Muster **119b** Rechnung.

Bei der Anmeldung von Satzungsänderungen, die Regelungen nach § 10 Abs. 1 und 2 GmbHG zum Gegenstand haben, sind die geänderten Satzungsbestandteile schlagwortartig hervorzuheben (BGH GmbHR 1987, 423)

119a Satzungsänderungsbeschluß

Geschehen zu A-Stadt am ......

Vor dem unterzeichneten Notar ......
sind anwesend, persönlich bekannt:
(Personalien der Gesellschafter)

Die Erschienenen sind nach Angaben die vollzähligen Gesellschafter der im Handelsregister des Amtsgerichts A-Stadt B ...... eingetragenen B-GmbH.

Sie treten unter Verzicht auf Formen und Fristen der Einberufung zu einer Gesellschafterversammlung zusammen und beschließen die folgende

Satzungsänderung:

Wir ändern den Gegenstand der Gesellschaft und § 2 der Satzung wie folgt:
(Wortlaut des geänderten § 2).
Weiterhin streichen wir in § 4 den letzten Satz und ergänzen § 5 um den Satz: „Jeder Geschäftsführer kann von den Beschränkungen des § 181 BGB befreit werden."
Die Kosten trägt die Gesellschaft.
Ausfertigung dem Registergericht, eine beglaubigte Abschrift der Gesellschaft.

Vorgelesen, genehmigt und unterschrieben[1]*:*

---

[1] *Notargebühr* wie Muster **118a** Anm. 1 zu a). Geschäftswert gem. § 27 Abs. 1, 2 KostO.

119b Anmeldung der Satzungsänderung

An das
Amtsgericht
– Registergericht –
A-Stadt

Zum Handelsregister B ...... der B-GmbH überreichen wir als deren Geschäftsführer die Ausfertigung der notariellen Urkunde vom heutigen Tag nebst der vollständigen Fassung der Satzung mit der entsprechenden Bescheinigung des Notars.

Wir melden die Änderung des Gegenstandes der Gesellschaft und des § 2 der Satzung und die sonstigen Satzungsänderungen zur Eintragung an.

................., den ....

(Unterschriften, Beglaubigungsvermerk[1])

---

1 *Notargebühr:* a) bei Beglaubigung der Unterschriften ohne Entwurf ¼ Gebühr gem. § 45 KostO, b) bei Unterschriftsbeglaubigung mit Entwurf ½ Gebühr gem. §§ 38 Abs. 2 Nr. 7, 145 Abs. 1 KostO; Geschäftswert gem. § 26 Abs. 4 KostO. *Gerichtsgebühr:* $^{20}/_{10}$ gem. § 79 Abs. 1 Satz 2, Abs. 2 d KostO; Geschäftswert gem. § 26 Abs. 4, 5 KostO.

Kapitel 120
Kapitalerhöhungen

I. Kapitalerhöhung durch Einlagen

1. Die Kapitalerhöhung ist **Satzungsänderung** (vgl. Kap. 119). Sie bedarf einer Mehrheit von ¾ der abgegebenen Stimmen. Im Unterschied zur sonstigen Satzungsänderung hat die **Anmeldung** aber **durch sämtliche Geschäftsführer** zu erfolgen, § 78 GmbHG. Zum sonstigen Inhalt der Anmeldung vgl. § 57 GmbHG.

2. Nach der gesetzlichen (§ 55 Abs. 3 GmbHG) und praktischen Regel erfolgt die **Kapitalerhöhung durch Bildung neuer Stammeinlagen.** Volleinzahlung der alten Stammeinlagen ist nicht erforderlich. Möglich ist aber auch die **Erhöhung des Nennbetrags der alten Anteile,** wenn diese voll einbezahlt sind und Nachschußpflichten nicht bestehen (BGH NJW 1975, 118), bei Gründungsgesellschaftern auch, wenn die Anteile noch nicht voll eingezahlt sind oder Nachschußpflichten bestehen (OLG Hamm GmbHR 1983, 102). Bei der Ausgabe neuer Anteile müssen diese auf mindestens 500,– DM lauten und durch 100 teilbar sein (§ 55 Abs. 4 iVm. § 5 Abs. 1 GmbHG). Bei der Erhöhung der Nennbeträge muß ebenfalls Teilbarkeit durch 100 bestehen (§ 5 Abs. 3 GmbHG), der Erhöhungsbetrag kann aber unter 500,– DM betragen (BGH aaO.).

3. Die Kapitalerhöhung kann durch **Bar- und Sacheinlagen** erfolgen. Es gilt das **Verbot der verschleierten Sacheinlage** (vgl. Kapitel 115 IV 4 c). Insbesondere ist die häufige Verrechnung einer Darlehensforderung oder stillen Einlage des Gesellschafters mit dem Anspruch der Gesellschaft auf Erbringung des Erhöhungsbetrages Sacheinlage. Für Sacheinlagen gilt § 56 GmbHG, vgl. zur Sacheinlage insgesamt Kap. 115 VIII und Muster **115d.** Der vom Gesetz bei der Kapitalerhöhung nicht ausdrücklich geforderte **Sacherhöhungsbericht** entsprechend dem Sachgründungsbericht des § 5 Abs. 4 S. 2 GmbHG ist wegen gleicher Prüfungspflicht des Registergerichts erforderlich (OLG Stuttgart BB 1982, 397; aA Happ BB 1985, 1927) und wird in der Praxis regelmäßig von den Registergerichten verlangt. Gemischte Bar- und Sacheinlage ist zulässig.

4. Die Kapitalerhöhung bedarf zunächst des satzungsändernden **Erhöhungsbeschlusses** (Muster **120a**). Regelmäßig wird ein sog. **Zulassungsbeschluß** über die Zulassung bestimmter Personen zur Übernahme des erhöhten Kapitals gefaßt. Die Übernehmer und die Einzahlung der neuen Anteile können aber zunächst auch unbestimmt bleiben (BayObLG NJW 1982, 1400 = GmbHR 1982, 185; LG Köln GmbHR 1985, 24). Ebenso kann der Erhöhungsbeschluß auch nur einen **Rahmen für die Kapitalerhöhung** angeben (Mindest- und Höchstbetrag), wenn noch offen ist, in welcher Höhe Übernehmer gefunden werden (RGZ 85, 207). Der Erhöhungsbeschluß hat bei Sacheinlagen diese entsprechend § 56 GmbHG zu bezeichnen. Er kann ein etwaiges **Agio** festsetzen, § 3 Abs. 2 GmbHG.

5. Auf den Erhöhungsbeschluß folgt der **Übernahmevertrag** zwischen der GmbH und dem Übernehmer des neuen Kapitalanteils. Die Erklärung der GmbH wird durch die Geschäftsführer abgegeben und bedarf keiner Form. Sie liegt konkludent spätestens in der Anmeldung zum Registergericht (BGHZ 49, 121).

Die **Erklärung des Übernehmers** bedarf nach § 55 GmbHG der notariellen Beurkundung oder Beglaubigung. Soweit sie also nicht wie im Muster in eine Beurkundung nach §§ 8, 13 BeurkG aufgenommen wird, ist sie zu beglaubigen. Die **Vollmacht zur Übernahme** bedarf deshalb ebenfalls der notariellen Beglaubigung (Scholz/Priester GmbHG § 55 Rz. 52).

6. Im Anschluß an die Übernahme sind die **Einlagen zu leisten,** § 56a GmbHG, ehe die Anmeldung und Eintragung erfolgen kann. Bareinlagen sind mindestens zu ¼, bei der Einmann-GmbH voll oder mit Sicherheitsleistung, Sacheinlagen voll zu leisten.

7. Danach erfolgt die **Anmeldung durch alle Geschäftsführer,** §§ 57, 78 GmbHG (Muster **120b**). Ob hierbei Vertretung zulässig ist, ist str. (bejahend OLG Köln NJW 1987, 135; ablehnend BayObLG NJW 1987, 136). Die Kapitalerhöhung wird wirksam mit ihrer Eintragung. Bei der Erhöhung des Stammkapitals mit Mindest- und Höchstbetrag wird der durch Übernahme gedeckte, in dieser Höhe anzumeldende Betrag eingetragen.

120a Kapitalerhöhung mit Bareinlage

Geschehen zu A-Stadt am ......
Vor dem unterzeichneten Notar ......
sind erschienen, persönlich bekannt:
(Personalien der Gesellschafter)

Die Erschienenen sind die vollzähligen Gesellschafter der B-GmbH mit dem Sitz in A-Stadt. Das Stammkapital von DM ...... ist voll erbracht. Die Erschienenen treten unter Verzicht auf Formen und Fristen der Einberufung zu einer Gesellschafterversammlung zusammen und erklären die folgende

Kapitalerhöhung:

I. Das Stammkapital der Gesellschaft wird von DM ...... um DM ...... auf DM ...... erhöht. Zur Übernahme einer neuen Stammeinlage von DM ...... wird der Gesellschafter B, zur Übernahme einer neuen Stammeinlage von DM ...... der Gesellschafter C zugelassen.

Die Übernahmen sind heute zu erklären. Die neuen Stammeinlagen sind in voller Höhe sofort in bar einzuzahlen. Sie nehmen am Gewinn des laufenden Geschäftsjahres teil.

II. Hierauf erklärten die Gesellschafter, daß sie die neuen Stammeinlagen wie in Ziffer I bezeichnet übernehmen.

III. Die Satzung der Gesellschaft wird in § 3 wie folgt neu gefaßt:

Das Stammkapital der Gesellschaft beträgt DM ......, in Worten: ....

IV. Der Notar hat darauf hingewiesen, daß die Einlagen in bar einzuzahlen sind und die verschleierte Sacheinlage keine Erfüllungswirkung hat, weiterhin auf die entstehende Gesellschaftsteuer.

Anzeige dem Kapitalverkehrsteueramt, Ausfertigung dem Registergericht, je eine Abschrift den Erschienenen und der Gesellschaft.

Vorgelesen, genehmigt und unterschrieben[1]:

---

[1] *Notargebühr:* 20/10 gem. § 47 KostO. Geschäftswert gem. §§ 26 Abs. 1, 27 Abs. 2 KostO (Erhöhungsbetrag).

Anmeldung 120b

An das
Amtsgericht
– Registergericht –
A-Stadt

Als Geschäftsführer der

B-GmbH mit dem Sitz in A-Stadt

überreichen wir die Ausfertigung der notariellen Urkunde über Kapitalerhöhung und Satzungsänderung mit dem vollständigen Wortlaut der Satzung, versehen mit der entsprechenden Bescheinigung des Notars, und melden diese Vorgänge zur Eintragung an.

Wir versichern, daß das bisherige und das neue Stammkapital voll einbezahlt sind und daß sich die neu einbezahlten Beträge endgültig in unserer freien Verfügung als Geschäftsführer befinden.

................, den ....

(Unterschriften, Beglaubigungsvermerk[1])

---

1 *Notargebühr* wie Muster **119b** Anm. 1; Geschäftswert gem. §§ 26 Abs. 1, 4, 44 KostO (Erhöhungsbetrag). *Gerichtsgebühr:* 20/10 gem. § 79 Abs. 1 Satz 3 KostO; Geschäftswert gem. § 26 Abs. 4, 5 KostO.

II. Kapitalerhöhung aus Gesellschaftsmitteln

1. Sie bedeutet eine Umwandlung von verteilbarem in unverteilbares Vermögen (Hachenburg/Schilling § 55 GmbHG Rz. 7), eine Ausdehnung der Ausschüttungssperre des § 30 GmbHG auf bisher ungebundene Teile des vorhandenen Eigenkapitals (Scholz/Priester Anhang § 57b GmbHG Vorbemerkung Rz. 5). Demgemäß muß das tatsächliche Vorhandensein umwandelbaren Eigenkapitals gewährleistet sein und ist vom Registergericht nachzuprüfen. Das **Kapitalerhöhungsgesetz** definiert in § 2 die umwandelbaren Rücklagen und verlangt eine testierte, nicht länger als 7 Monate zurückliegende Bilanz sowie die Versicherung der Geschäftsführer, daß zwischen Bilanzstichtag und Anmeldung keine Vermögensminderung eingetreten ist, §§ 3, 4, 7 KapErhG.

2. Der **Erhöhungsbeschluß** ist Satzungsänderung, bedarf damit der notariellen Beurkundung, einer Mehrheit von ¾ der abgegebenen Stimmen sowie der Eintragung nach Anmeldung, §§ 53, 54 GmbHG, 1 Abs. 2 KapErhG. Nach § 1 Abs. 3 KapErhG darf der Kapitalerhöhungsbeschluß erst gefaßt werden, nachdem der letzte Jahresabschluß festgestellt und über die Verteilung des Reingewinns dieses Geschäftsjahres Beschluß gefaßt ist. Dadurch soll einerseits bilanzmäßige Klarheit hinsichtlich des Vermögensstandes der Gesellschaft hergestellt und andererseits sichergestellt werden, daß nicht nachträgliche Gewinnausschüttungen das Vermögen mindern. Der nach § 1 Abs. 4 KapErhG dem Erhöhungsbeschluß zugrunde zu legenden **Bilanz** kommt zentrale Bedeutung für den Gläubigerschutz zu (Scholz/Priester Anhang § 57b GmbHG § 1 KapErhG Rz. 11). Sie kann die letzte Jahresbilanz sein, wenn sie von dem von der Versammlung der Gesellschafter gewählten Abschlußprüfer geprüft und mit dem uneingeschränkten Bestätigungsvermerk versehen ist und wenn ihr Stichtag höchstens sieben Monate vor der Anmeldung des Erhöhungsbeschlusses beim Handelsregister liegt, § 3 KapErhG. Prüfer können neben Wirtschaftsprüfern und Wirtschaftsprüfungsgesellschaften auch vereidigte Buchprüfer sein. Ist die Jahresbilanz älter als sieben Monate, so ist eine Zwischenbilanz aufzustellen, § 4 KapErhG, die die Gliederung und Bewertung der Jahresbilanz fortführt. Bei Abweichungen im Rücklagenausweis der Jahresbilanz und der Zwischenbilanz ist nach h. L. nur der niedrigere Betrag umwandelbar (Scholz/Priester Anhang § 57 b GmbHG §§ 3–5 KapErhG Rz. 4, § 2 KapErhG Rz. 7).

3. Umwandlungsfähige Rücklagen müssen in der maßgeblichen Bilanz unter „Rücklagen" ausgewiesen sein. Sie können nicht umgewandelt werden, wenn die Bilanz einen Verlust oder Verlustvortrag oder einen anderen Gegenposten zum Eigenkapital ausweist, § 2 KapErhG. **Stille Rücklagen** müssen, wenn sie zur Kapitalerhöhung verwendet werden sollen, zuvor unter Einhaltung der Bewertungsvorschriften aufgelöst und den Rücklagen zugeführt werden. Sind die Rücklagen für einen anderen Zweck bestimmt, so ist zunächst diese Zweckbestimmung aufzuheben (§ 2 Abs. 3 KapErhG; Scholz/Priester Anhang § 57 b GmbHG § 2 KapErhG Rz. 17). Der **Bilanzgewinn** (§ 42 Nr. 5 GmbHG) ist als solcher nicht umwandlungsfähig, vielmehr nach § 29 GmbHG auszuschütten. Bei entsprechender Satzungsgrundlage oder Zustimmung aller Gesellschafter kann er zur Bildung von Rücklagen verwendet werden. Dies kann nach h. L. schon im Rahmen der Bilanzfeststellung geschehen (Geßler DB 1960, 867; Hachenburg/Goerdeler/Müller § 42 GmbHG Rz. 124; Scholz/Priester Anhang § 57 b GmbHG § 2 KapErhG Rz. 10; zu Formulierungsfragen Hofmann MittBayNot 1979, 99/102).

4. Die **Ausführung der Kapitalerhöhung** erfolgt durch Bildung neuer Geschäftsanteile oder durch Erhöhung des Nennbetrages der bestehenden Geschäftsanteile, wobei der Beschluß die Art der Erhöhung angeben muß, § 6 KapErhG. Sind die Geschäftsanteile noch nicht voll eingezahlt, so ist nur die Nennbetragserhöhung zulässig, § 12 Abs. 2 KapErhG. Sie bildet deshalb für die Praxis die empfehlenswerte Regel.

5. Neue Geschäftsanteile müssen abweichend von § 5 Abs. 1, 3 GmbHG einen Mindestnennbetrag von 50 DM und eine Teilbarkeit durch 10 haben. **Erhöhte Geschäftsanteile** müssen ebenfalls durch 10, bei Erhöhung teileingezahlter Anteile nur durch 5 teilbar sein, §§ 6 Abs. 3 S. 2, 12 Abs. 2 S. 4 KapErhG. Beide Erhöhungsarten können auch miteinander verbunden werden. So kann für einen Gesellschafter sein bisheriger Anteil erhöht und gleichzeitig ein neuer Anteil gebildet werden (Scholz/Priester Anhang § 57 b GmbHG § 6 KapErhG Rz. 7). Dies kann zweckmäßig sein, um bei nachfolgender Veräußerung die Teilung und deren Genehmigung zu vermeiden. Jeder Gesellschafter darf aber nur einen neuen Anteil erwerben, §§ 5 Abs. 2, 55 Abs. 4 GmbHG analog (Priester GmbHR 1980, 236).

6. Die neuen Anteilsrechte, gleichgültig ob im Wege der Erhöhung oder der Neuzuteilung gebildet, stehen zwingend den Gesellschaftern **im Verhältnis ihrer bisherigen Beteiligung** am Stammkapital zu. Ein abweichender Beschluß der Gesellschafter ist nichtig, § 9 KapErhG. Hierdurch kann es zu **Spitzenbeträgen** kommen, wenn sich der Gesamtbetrag der Erhöhung nicht durch 10 bzw. 5 teilen läßt oder bei Anteilsneubildung der Mindestnennbetrag von 50 DM nicht erreicht wird. Hier läßt § 10 KapErhG **gemeinsame Geschäftsanteile** zu, an denen selbständig veräußerliche und vererbliche Teilrechte bestehen.

Beispiel (nach Priester GmbHR 1980, 236/241):

Am volleingezahlten Stammkapital von 150 000 DM sind der Gesellschafter A mit 70 000 DM, der Gesellschafter B mit 50 000 DM und der Gesellschafter C mit 30 000 DM beteiligt. Das Kapital wird um 50 000 DM erhöht. Gemäß § 9 KapErhG entfallen zwingend auf A 23 333,33 DM, auf B 16 666,67 DM und auf C 10 000 DM.

Im Verhältnis von A zu B kommt es also zu Spitzenbeträgen, die nicht durch 10 bzw. 5 teilbar sind. Man kann jetzt entweder für A und B einen gemeinsamen neuen Geschäftsanteil von 40 000 DM bilden. Dies ist wegen § 10 Abs. 2 KapErhG nachteilig, da die Mitgliedschaftsrechte nur gemeinsam ausgeübt werden könnten.

Oder man bildet lediglich einen neuen Geschäftsanteil von 50 DM für die Spitzenbeträge, an dem A ein Teilrecht von 33,33 DM, B ein Teilrecht von 16,67 DM zusteht. Im übrigen erhalten A einen Geschäftsanteil von 23 300 DM, B einen Geschäftsanteil von

16 650 DM im Wege der Erhöhung alter Anteile oder der Bildung eines neuen Anteils. Das Verbot der Übernahme mehrerer neuer Anteile steht, auch wenn für beide Gesellschafter neue Anteile gebildet werden, der Bildung eines weiteren gemeinschaftlichen Anteils nicht entgegen. (Zu weiteren Einzelheiten vgl. Hofmann MittBayNot 1979, 99/103; Priester GmbHR 1980, 236/240 f.).

7. Bei der **Anmeldung** der Kapitalerhöhung, die gemäß § 78 GmbHG von allen Geschäftsführern abzugeben ist, haben diese dem Registergericht gegenüber zu versichern, daß nach ihrer Kenntnis seit dem Stichtag der der Kapitalerhöhung zugrunde gelegten Bilanz bis zum Tage der Anmeldung keine Vermögensminderung eingetreten ist, die der Kapitalerhöhung entgegen stünde, wenn diese am Tage der Anmeldung beschlossen worden wäre, § 7 KapErhG. Der Anmeldung sind beizufügen die Ausfertigung oder beglaubigte Abschrift der notariellen Urkunde über den Erhöhungsbeschluß, die Bilanz, bei einer Zwischenbilanz auch die letzte Jahresbilanz, und schließlich der vollständige Wortlaut der geänderten Satzung mit der Bescheinigung des Notars gemäß § 54 Abs. 1 S. 2 GmbHG. Da der Anteilserwerb ohne Übernahmeerklärung automatisch mit Eintragung erfolgt, § 8 KapErhG, sind Übernahmeerklärungen und die Beifügung einer Übernehmerliste nicht erforderlich (Scholz/Priester Anhang § 57 b GmbHG § 7 KapErhG Rz. 5).

8. Die Kapitalerhöhung aus Gesellschaftsmitteln kann auch mit einer Kapitalerhöhung gegen Einlagen **verbunden** werden, nach wohl h. L. aber nur so, daß über beide Kapitalerhöhungsmaßnahmen getrennte Beschlüsse innerhalb einer Gesellschafterversammlung getroffen werden (Scholz/Priester Anhang § 57 b GmbHG Vorbemerkung Rz. 12 ff.; Priester selbst befürwortet eine einheitliche kombinierte Erhöhung, so auch OLG Düsseldorf GmbHR 1986, 192).

9. Zu **Steuerfragen der Kapitalerhöhung** aus Gesellschaftsmitteln vgl. Scholz/Priester Anhang § 57 b GmbHG Vorbem. Rz. 17 ff.

Kapitalerhöhung aus Gesellschaftsmitteln 120 c

Geschehen zu ......
am ......
vor dem unterzeichneten Notar ......
sind erschienen ......

Die Erschienenen erklären

Kapitalerhöhung aus Gesellschaftsmitteln

Wir sind die vollzähligen Gesellschafter der im Handelsregister des Amtsgerichts A-Stadt eingetragenen A-GmbH mit dem Sitz in A-Stadt, und zwar der A mit einem voll eingezahlten Geschäftsanteil von 25 000,– DM und der B mit einem voll eingezahlten Geschäftsanteil von 25 000,– DM.

Wir treten unter Verzicht auf Formen und Fristen zu einer Gesellschafterversammlung der Gesellschaft zusammen und beschließen, das Stammkapital von 50 000,– DM um 50 000,– DM auf 100 000,– DM zu erhöhen.

Die Kapitalerhöhung erfolgt aus Gesellschaftsmitteln gemäß dem Gesetz vom 23. 12. 1959.

Der Kapitalerhöhung wird die geprüfte und festgestellte, mit dem uneingeschränkten Bestätigungsvermerk des gewählten Abschlußprüfers versehene Jahresbilanz zum ...... zugrunde gelegt.

In dieser Bilanz ist eine freie Rücklage von 50 000,– DM ausgewiesen. Sie wird in Stammkapital umgewandelt.

Die Kapitalerhöhung erfolgt durch Erhöhung des Nennbetrages der Geschäftsanteile.

Der Geschäftsanteil des Gesellschafters A wird um 25 000,– DM auf 50 000,– DM erhöht.

Der Geschäftsanteil des Gesellschafters B wird um 25 000,– DM auf 50 000,– DM erhöht.

§ 3 der Satzung wird wie folgt neu gefaßt:

Das Stammkapital der Gesellschaft beträgt 100 000,– DM (i.W. einhunderttausend Deutsche Mark).

Der Notar hat auf die Rechtsfolgen der Kapitalerhöhung hingewiesen.

Ausfertigung dem Registergericht, Anzeige dem Kapitalverkehrsteueramt, je eine begl. Abschrift der Gesellschaft und den Gesellschaftern.

Vorgelesen, genehmigt und unterschrieben[1]:

---

1 *Notargebühr* wie Muster **120a** Anm. 1.

120d Anmeldung der Kapitalerhöhung aus Gesellschaftsmitteln

An das
Amtsgericht
– Registergericht –
A-Stadt

Als Geschäftsführer der A-GmbH mit dem Sitz in A-Stadt überreichen wir die Ausfertigung der notariellen Urkunde vom heutigen Tag über die erfolgte Kapitalerhöhung aus Gesellschaftsmitteln sowie die vollständige Fassung des Gesellschaftsvertrages mit der entsprechenden Bescheinigung des Notars. Der Beschluß über die Erhöhung des Nennkapitals wird zur Eintragung in das Handelsregister angemeldet. Die der Kapitalerhöhung zugrunde gelegte Bilanz ist beigefügt. Es wird erklärt, daß nach Kenntnis der Geschäftsführung seit dem Stichtag der Bilanz bis zum heutigen Tag keine Vermögensminderung eingetreten ist, die der Kapitalerhöhung entgegenstünde, wenn sie am Tage der Anmeldung beschlossen worden wäre.

A-Stadt, den ....

(Unterschriften aller Geschäftsführer, Beglaubigungsvermerk[1])

---

1 *Notar-* und *Gerichtsgebühr* wie Muster **120b** Anm. 1.

Kapitel 121
Kapitalherabsetzung

1. Wie die Kapitalerhöhung ist auch die Kapitalherabsetzung des § 58 GmbHG **Satzungsänderung,** hat also durch beurkundungspflichtigen Gesellschafterbeschluß mit einer Mehrheit von ¾ der abgegebenen Stimmen zu erfolgen, § 53 GmbHG. Der Beschluß ist von den Geschäftsführern der Gesellschaft dreimal im Bekanntmachungsblatt der Gesellschaft zu veröffentlichen, wobei die Gläubiger aufzufordern sind, sich bei der Gesellschaft zu melden. Die der Gesellschaft bekannten Gläubiger sind durch besondere Mitteilung zu benachrichtigen. Die Gläubiger, die der Kapitalerhöhung nicht zustimmen, sind wegen der erhobenen Ansprüche zu befriedigen oder sicherzustellen. Die Anmeldung des Herabsetzungsbeschlusses zur Eintragung in das Handelsregister kann erst nach Ablauf eines Jahres nach der letzten Veröffentlichung erfolgen. Dabei haben die Geschäftsführer die Bekanntmachung einzureichen und zu versichern, daß alle der Kapitalherabsetzung nicht zustimmenden angemeldeten Gläubiger befriedigt oder sichergestellt sind.

2. **Zweck** der Kapitalherabsetzung ist die Senkung des „Stauwehrs" (Brodmann GmbHG § 30 Anm. 1a) der §§ 30 und 31 GmbHG entweder zur Freisetzung ausschüttbaren Vermögens oder zur Beseitigung einer Unterbilanz.

3. Bei Deckung des Stammkapitals durch die Aktiva der Bilanz setzt die Kapitalherabsetzung Vermögen frei, das zur Rückzahlung von Stammeinlagen oder zum Erlaß rückständiger Stammeinlageneinzahlungspflichten, zur Abfindung ausscheidender Gesellschafter oder zur Einstellung in die Rücklagen verwendet werden kann (Einzelheiten bei Scholz/Priester § 58 GmbHG Rz. 7 ff.).

4. Wenn in einer gemäß § 42 GmbHG erstellten Bilanz die Aktiva nach Abzug der Schuldposten den Nennbetrag des Stammkapitals nicht mehr erreichen, liegt eine **Unterbilanz** vor. Der entsprechende Teil des Gesellschaftsvermögens ist bereits verloren. Die Kapitalherabsetzung dient der Anpassung des nominellen Stammkapitals an das tatsächlich vorhandene Eigenkapital. Sie ist insofern das Gegenstück zur Kapitalerhöhung aus Gesellschaftsmitteln und erlaubt, da das Stauwehr des § 30 GmbHG herabgesetzt ist, die Ausschüttung zukünftiger Gewinne, die sonst zur Wiederauffüllung des Stammkapitals hätten verwendet werden müssen (Scholz/Priester § 58 GmbHG Rz. 12).

5. Der **Beschluß über die Kapitalherabsetzung** muß nach hL stets den Zweck der Herabsetzung angeben (BayObLG GmbHR 1979, 111; Hachenburg/Schilling § 58 GmbHG Rz. 14; Fischer/Lutter/Hommelhoff § 58 GmbHG Rz. 5; Scholz/Priester § 58 GmbHG Rz. 34). Gegenstand des Beschlusses ist die Herabsetzung des Stammkapitals. Dabei kann auch ein Höchstbetrag beschlossen werden (Scholz/Priester § 58 GmbHG Rz. 31). Der Mindestbetrag des Stammkapitals von 50 000 DM muß erhalten bleiben, § 58 Abs. 2 S. 1 iVm. § 5 Abs. 1 GmbHG. Durch die Kapitalherabsetzung ändern sich, ohne daß dies der Beschluß ausdrücklich zu beinhalten hätte, die Nennwerte der einzelnen Geschäftsanteile entsprechend (Scholz/Priester § 58 GmbHG Rz. 19, im einzelnen streitig). Wegen der hier bestehenden Streitfragen und zur Klarstellung empfiehlt sich jedoch immer eine ausdrückliche Festsetzung der Höhe der neuen Geschäftsanteile. Erforderlich ist sie, wenn nicht alle Geschäftsanteile gleichmäßig herabgesetzt werden sollen, sondern wie z. B. im Falle der Einziehung eines Geschäftsanteils das Stammkapital auf die Summe der verbleibenden Geschäftsanteile reduziert werden soll oder sonst eine verschiedene Behandlung der Geschäftsanteile erfolgen soll. Die einzelnen Geschäftsanteile müssen nach § 58 Abs. 2 S. 2 GmbHG mindestens 500 DM betragen und durch 100 teilbar sein, wenn die Kapitalherabsetzung zum Zweck der Rückzahlung oder des Erlasses von Stammeinlagen erfolgt (zu Einzelheiten Scholz/Priester § 58 GmbHG Rz. 24 ff.). Bei Kapitalherabsetzungen zum Zwecke der Beseitigung einer Unterbilanz

Langenfeld

gilt diese Vorschrift nicht. Schließlich wird regelmäßig, rechtlich aber nicht zwingend, eine entsprechende Satzungsänderung ausdrücklich beschlossen.

6. Zur Sanierung notleidender Gesellschaften kann die Kapitalherabsetzung mit einer Kapitalerhöhung verbunden werden (**Kapitalschnitt**, vgl. Scholz/Priester aaO Rz. 79 ff.).

121a Kapitalherabsetzung[1]

Verhandelt zu ...... am ......
vor dem unterzeichneten Notar ...... sind erschienen: ......

Die Erschienenen erklären

Kapitalherabsetzung[1]

Wir sind die Gesellschafter der A-GmbH, und zwar der A mit einem voll eingezahlten Geschäftsanteil von 50 000 DM, der B mit einem in Höhe von 25 000 DM eingezahlten Geschäftsanteil von nominell 50 000 DM.

Wir treten unter Verzicht auf Formen und Fristen der Einberufung zu einer Gesellschafterversammlung zusammen und beschließen:

1. Das Stammkapital der Gesellschaft wird von 100 000 DM um 50 000 DM auf 50 000 DM herabgesetzt. Die Herabsetzung erfolgt zum Zwecke der teilweisen Rückzahlung von Stammeinlagen bzw. des Erlasses von Einlageverpflichtungen.

2. Die Kapitalherabsetzung wird dadurch durchgeführt, daß dem Gesellschafter A seine Stammeinlage in Höhe von 25 000 DM zurückgezahlt, dem Gesellschafter B die Verpflichtung zur Einzahlung seiner Stammeinlage in Höhe von 25 000 DM erlassen wird.

3. Der Nennbetrag beider Stammanteile beträgt noch jeweils 25 000 DM.

4. § 3 der Satzung wird wie folgt neu gefaßt: Das Stammkapital der Gesellschaft beträgt 50 000 DM.

---

[1] *Notargebühr* wie Muster **120a** Anm. 1.

121b Kapitalherabsetzung nach Einziehung[1]

Bei Anpassung des Stammkapitals nach Einziehung ist zu beschließen:

1. Das Stammkapital der Gesellschaft wird von 100 000 DM um 20 000 DM auf 80 000 DM herabgesetzt. Die Herabsetzung erfolgt zum Zwecke der Anpassung des Stammkapitals, nachdem der Geschäftsanteil des Gesellschafters C von 20 000 DM eingezogen wurde.

2. Der Betrag der Geschäftsanteile der Gesellschafter A, B und D bleibt unverändert.

3. Satzungsänderung wie oben.

---

[1] *Notargebühr* wie Muster **120a** Anm. 1.

Kapitalherabsetzung bei Unterbilanz[1]   121 c

Bei Unterbilanz ist zu beschließen:
1. ...... *die Herabsetzung erfolgt zum Ausgleich des in der Bilanz zum 31. 12.* ...... *ausgewiesenen Bilanzverlustes.*
2. *Die Herabsetzung wird so durchgeführt, daß die Nennbeträge der einzelnen Geschäftsanteile wie folgt herabgesetzt werden:*
   Geschäftsanteile des Gesellschafters A auf DM ......
   Geschäftsanteil des Gesellschafters B auf DM ...... *usw.*
3. *Satzungsänderung wie oben.*

---
[1] *Notargebühr* wie Muster **120 a** Anm. 1.

Anmeldung der Kapitalherabsetzung[1]   121 d

An das Amtsgericht
– Registergericht –
A-Stadt

Zum Handelsregister der B-GmbH überreichen die unterzeichneten sämtlichen Geschäftsführer die Ausfertigung der notariellen Urkunde über die Gesellschafterversammlung vom ...... *(UR* ...... *Notar* ......*),*
die Belegexemplare der Nummern 10, 11 und 12 des Bundesanzeigers vom ......*, welche die Bekanntmachung der Herabsetzung des Stammkapitals der Gesellschaft und die Aufforderung an die Gläubiger der Gesellschaft zur Anmeldung enthalten, sowie*
den vollständigen Wortlaut des Gesellschaftsvertrages mit der Bescheinigung des Notars gemäß § 54 Abs. 1 S. 2 GmbHG.
Wir melden zur Eintragung an, daß das Stammkapital der Gesellschaft von DM ...... *um DM* ...... *auf DM* ...... *herabgesetzt wurde.*
§ 3 der Satzung wurde entsprechend neu gefaßt. Wir versichern, daß alle Gläubiger, welche sich bei der Gesellschaft gemeldet und der Herabsetzung des Stammkapitals nicht zugestimmt haben, befriedigt oder sichergestellt wurden.

(Unterschriften sämtlicher Geschäftsführer, Beglaubigungsvermerk)

---
[1] *Notar-* und *Gerichtsgebühr* wie Muster **120 b** Anm. 1.

Kapitel 122

Abtretung und Verpfändung von Geschäftsanteilen, Nießbrauch und Treuhand an Geschäftsanteilen

I. Die Abtretung von Geschäftsanteilen

1. Die Abtretung von Geschäftsanteilen bedarf nach § 15 Abs. 2 GmbHG der **notariellen Beurkundung,** ebenso die schuldrechtliche Verpflichtung hierzu gemäß § 15 Abs. 3 GmbHG. Der Mangel des Verpflichtungsgeschäfts wird durch die beurkundete Abtretung geheilt. Der Gesellschaftsvertrag kann die Abtretung an **weitere Voraussetzungen** knüpfen, insbesondere von der Genehmigung der Gesellschaft abhängig machen, § 15 Abs. 4 GmbHG. Die Vollmacht zum Verkauf und zur Abtretung von Geschäftsanteilen bedarf nicht der notariellen Form, § 167 Abs. 2 BGB.

2. **Beurkundung durch einen ausländischen Notar** ist dann ausreichend, wenn die ausländische Beurkundung der deutschen Beurkundung gleichwertig ist (so BGH WPM 1981, 376 für die Beurkundung durch einen Beamten des Notariats Zürich/Altstadt).

3. Der veräußerte Geschäftsanteil ist **genau zu bezeichnen,** insbesondere dann, wenn nur einer von mehreren Geschäftsanteilen einer Person veräußert wird. Auch ein **zukünftiger Geschäftsanteil** kann abgetreten werden (BGHZ 21, 242/246).

4. Der **Gewinn des laufenden Geschäftsjahrs** steht nach §§ 446 Abs. 1 S. 2, 101 Nr. 2 BGB dem Erwerber ab Abtretung des Geschäftsanteils zu. Eine etwa erforderliche Genehmigung der Gesellschaft wirkt auf den Zeitpunkt der Abtretung zurück, § 184 BGB. Im Verhältnis zur Gesellschaft erhält jedoch nur der Abtretungsempfänger einen Anspruch, wenn der Gewinnverwendungsbeschluß nach Abtretung gefaßt wird (Hachenburg/Goerdeler/Müller § 29 GmbHG Rz. 11). Der Veräußerer kann sich diesen zukünftigen Anspruch hinsichtlich des ihm zustehenden Zeitanteils abtreten lassen. Es kann auch vereinbart werden, daß dem Erwerber der Gewinn des gesamten Geschäftsjahrs zusteht. Dies hat sich dann im Kaufpreis niederzuschlagen. Zur steuerlichen Behandlung vgl. BMF BStBl. 1980 I 146.

5. Die Gewährleistung richtet sich nach den Regeln des Rechtskaufs. Der Verkäufer haftet also lediglich für den rechtlichen Bestand und die Lastenfreiheit des Geschäftsanteils, §§ 434, 437 BGB. Nur beim Kauf aller oder fast aller Geschäftsanteile einer GmbH sind die beim Unternehmenskauf einschlägigen Sachmängelvorschriften der §§ 459 ff. BGB anwendbar (vgl. BGHZ 65, 246; eingehend Eichmanns, Die Mängelhaftung beim Unternehmenskauf und beim Kauf von Gesellschaftsanteilen, MittRhNotK 1978, 1 ff.). Abweichende bzw. klarstellende vertragliche Regelungen sind möglich und empfehlenswert, da der Käufer regelmäßig auf die Angaben des Verkäufers angewiesen ist.

6. Der Erwerber **haftet** nach §§ 22, 24 GmbHG für alle noch nicht erbrachten Stammeinlagen einschließlich der Differenzhaftung des § 9 Abs. 1 GmbHG. Der Veräußerer bleibt nach § 22 GmbHG subsidiär für fünf Jahre ab Anmeldung der Veräußerung verhaftet. Er haftet weiter für fällige Rückstände auf den Geschäftsanteil gesamtschuldnerisch neben dem Erwerber, § 16 Abs. 3 GmbHG. Fälligkeit tritt nur in dem in der Satzung bestimmten Zeitpunkt bzw. bei satzungsgemäß vorgesehener Aufforderung durch die Gesellschafter oder Geschäftsführer ein, nicht jedoch durch die bloße Satzungsbestimmung, daß Einlagen in bar zu leisten sind, BGH GmbHR 1961, 144.

7. Die nach der Satzung erforderliche **Genehmigung** durch die Gesellschaft oder Gesellschafter kann vor oder nach der Abtretung erteilt werden, BGHZ 13, 179. Da streitig ist, ob die Geschäftsführer in diesen Fällen nach außen verbindlich die Genehmigung erteilen können (bejahend im Anschluß an RGZ 160, 231; Fischer ZHR 130, 367), sollte sich der Erwerber immer einen entsprechenden Beschluß oder die Genehmigungserklärung der Gesellschafter nachweisen lassen.

8. Bei **Minderjährigen** ist streitig, in wieweit entgeltlicher Erwerb oder Veräußerung von Geschäftsanteilen der vormundschaftsgerichtlichen Genehmigung bedürfen. Nach wohl hL ist eine Genehmigung nach §§ 1643 Abs. 1, 1822 Nr. 3 BGB auch dann nicht erforderlich, wenn die GmbH ein Erwerbsgeschäft betreibt (KG NJW 1976, 1946; Scholz/Winter § 15 GmbHG Rz. 204; aA für den Fall des Erwerbes Hachenburg/Schilling/Zutt § 15 GmbHG Rz. 129), es sei denn, das gesamte oder im wesentlichen gesamte Unternehmen wird erworben oder veräußert. Sind nicht alle Geschäftsanteile voll eingezahlt, so ist beim Erwerb wegen §§ 16 Abs. 3, 24, 31 Abs. 3 GmbHG die vormundschaftsgerichtli-

che Genehmigung analog § 1822 Nr. 10 BGB erforderlich (Hachenburg/Schilling/Zutt § 15 GmbHG Rz. 131; Jauernig/Schlechtriem § 1822 BGB Anm. 3).

9. Steuerlich ist zu beachten: Anschaffungsgeschäfte über Geschäftsanteile unterliegen der **Börsenumsatzsteuer,** wenn sie im Inland oder unter Beteiligung eines Inländers im Ausland abgeschlossen werden, §§ 17 ff. KVStG. Bei Abschluß des Geschäfts im Ausland ermäßigt sich, wenn eine der Parteien Ausländer ist, die Steuer auf die Hälfte, § 24 Abs. 2 KVStG.

Der **Grunderwerbsteuer** unterliegt, wenn sich Grundstücke im Gesellschaftsvermögen befinden, der Erwerb aller Anteile oder die Vereinigung aller Anteile in einer Hand, § 1 Abs. 3 GrEStG und die Grunderwerbsteuergesetze der Länder, wobei Bemessungsgrundlage der Einheitswert des Grundstücks ist, §§ 10 Abs. 2 Nr. 2, 12 GrEStG. Der beurkundende Notar hat den Abschluß des Kaufvertrages der Kapitalverkehrsteuer- und Grunderwerbsteuerstelle anzuzeigen, §§ 38 KVStDV, 2 GrEStG.

Geschäftsanteilsabtretung 122a

Geschehen zu ......
am ......
vor dem unterzeichneten Notar ......
sind erschienen ......
und erklären

Abtretung eines Geschäftsanteils

Der Erschienene Ziffer 1 ist an der A-GmbH mit dem Sitz in A-Stadt mit einem Geschäftsanteil von 25 000,– DM beteiligt, der voll eingezahlt ist.

Er verkauft hiermit diesen Geschäftsanteil zum fälligen Kaufpreis von 25 000,– DM an den Erschienenen Ziffer 2.

Für den Fall der Nichterfüllung bleibt der Rücktritt vorbehalten. Der Erschienene Ziffer 1 überträgt hiermit dem dies annehmenden Erschienenen Ziffer 2 den bezeichneten Geschäftsanteil.

Der Notar wird beauftragt, die nach dem Gesellschaftsvertrag erforderliche Zustimmung der Gesellschaft einzuholen.

Die Börsenumsatzsteuer und die Vertragskosten trägt der Erschienene Ziffer 2. Die Gesellschaft hat keinen Grundbesitz. Der Notar hat über die Rechtsfolgen dieses Vertrages belehrt. Anzeige dem Registergericht, je eine begl. Abschrift der Gesellschaft zur Genehmigung und den Erschienenen.

Vorgelesen, genehmigt und unterschrieben[1]*:*

---

[1] *Notargebühr:* 20/10 Gebühr (§ 36 Abs. 2 KostO). Geschäftswert gem. § 39 Abs. 1 KostO (das Entgelt = Kaufpreis).

II. Die Verpfändung von Geschäftsanteilen

Die Verpfändung von Geschäftsanteilen ist gegenüber der Sicherungsabtretung die übliche Art der Sicherheit (Münchener Vertragshandbuch, Band 1, Heidenhain/Meister IV, 62 Anm. 2). Sie vermeidet, daß der Sicherungsnehmer Gesellschafter mit allen Rechten und Pflichten wird, und löst bis zur Verwertung keine Börsenumsatzsteuer oder Grunderwerbsteuer aus. Die Verpfändung kann wie im Muster auf die Gewinnbezugsrechte erstreckt werden (Nutzungspfand § 1213 BGB).

Langenfeld

Die Verpfändung erfolgt gemäß § 1274 Abs. 1 BGB nach den für die Abtretung geltenden Vorschriften. Abtretungserschwerungen nach § 15 Abs. 5 GmbHG sind zu beachten. Streitig ist, ob die Anzeige nach § 1280 BGB bzw. Anmeldung nach § 16 Abs. 1 GmbHG erforderlich ist. In der Praxis sollte sie aus Vorsichtsgründen vorgenommen werden.

Ein gewisser Nachteil der Verpfändung gegenüber der Sicherungsabtretung liegt darin, daß der Schuldner seine Mitgliedschaftsrechte auch zum Nachteil seines Geschäftsanteils ausüben kann. § 1276 BGB gilt nicht (Scholz/Winter § 15 GmbHG Rz. 168 f.). Der Schuldner kann zusätzlich zu der Verpflichtung, alles zu unterlassen, was den Wert oder den Bestand des Geschäftsanteils beeinträchtigen könnte, dem Gläubiger Stimmrechtsvollmacht erteilen.

122b Geschäftsanteilsverpfändung[1]

Geschehen zu ...... am ......

Vor dem unterzeichneten Notar ...... sind heute erschienen, teils persönlich bekannt, teils durch Lichtbildausweis ausgewiesen: ....

Die Erschienenen erklären zur öffentlichen Urkunde

Verpfändung eines GmbH-Anteils

Der Erschienene Ziffer 1 hat gegen den Erschienenen Ziffer 2 eine Forderung aus ...... (Darlehen usw.)

in Höhe von DM ....

Wegen aller Ansprüche aus diesem Schuldverhältnis verpfändet der Erschienene Ziffer 2 dem Erschienenen Ziffer 1 seinen Geschäftsanteil von DM 25 000,– an der A-GmbH mit dem Sitz in A-Stadt.

Die Verpfändung wird angenommen.

Die nach dem Gesellschaftsvertrag erforderliche Zustimmung der (Gesellschaft–Gesellschafter) ...... wird von den Beteiligten selbst eingeholt.

Das Gewinnbezugsrecht wird mitverpfändet.

Die Mitgliedschaftsrechte werden von dem Erschienenen Ziffer 2 weiterhin allein wahrgenommen.

Er verpflichtet sich, alles zu unterlassen, was den Wert oder Bestand des Geschäftsanteils beeinträchtigen könnte.

---

[1] *Notargebühr:* 20/10 gem. § 36 Abs. 2 KostO. Geschäftswert gem. §§ 39 Abs. 1, 23 Abs. 1 KostO (Wert der gesicherten Forderung oder geringerer Wert des Pfandes).

III. Der Nießbrauch am Geschäftsanteil

Die Bestellung des Nießbrauchs erfolgt nach den für die Abtretung geltenden Vorschriften, vgl. oben I.

Der Nießbraucher ist berechtigt, die Nutzungen des Geschäftsanteils zu ziehen (§§ 1068, 1030, 100 BGB). Streitig ist, ob dem Nießbraucher die Surrogate des Geschäftsanteils wie der Anspruch auf die Liquidationsquote zustehen. Streitig ist weiterhin, wem die Gesellschafterrechte, insbesondere das Stimmrecht zustehen (dem Nießbraucher: Palandt/Bassenge § 1068 BGB Anm. 3a; Jauernig § 1068 Anm. 4; dem Gesellschafter: Hachenburg/Schilling/Zutt Anh. § 15 GmbHG Rz. 61; Scholz/Winter § 15 GmbHG Rz. 192).

Ein Nießbrauch am Gewinnstammrecht ist unzulässig (Teichmann ZGR 1972, 21).

Die einkommensteuerliche Behandlung des Nießbrauchs ist sehr streitig (vgl. Herrmann/Heuer/Raupach EStG § 20 Anm. 19).

Nießbrauchsbestellung[1] 122c

Geschehen zu ...... am ......

Vor dem unterzeichneten Notar ...... sind heute erschienen, teils persönlich bekannt, teils durch Lichtbildausweis ausgewiesen: ....

Die Erschienenen erklären zur öffentlichen Urkunde

Nießbrauchsbestellung

Der Erschienene Ziffer 1 ist Inhaber eines voll eingezahlten Geschäftsanteils im Nennbetrag von DM 25 000,– an der A-GmbH mit dem Sitz in A-Stadt.

Er räumt an diesem Geschäftsanteil hiermit dem Erschienenen Ziffer 2 den auf 5 Jahre befristeten Nießbrauch ein.

Die nach dem Gesellschaftsvertrag erforderliche Zustimmung der Gesellschaft wird von den Beteiligten selbst eingeholt.

Der Nießbraucher übt alle Gesellschafterrechte einschließlich des Stimmrechts aus. Hilfsweise erteilt der Gesellschafter dem Nießbraucher hiermit verdrängende Stimmrechtsvollmacht. Die Vollmacht ist für die Dauer des Nießbrauchs unwiderruflich. Der Nießbraucher trägt im Verhältnis zum Gesellschafter alle Lasten der Beteiligung, auch soweit diese nach dem Gesetz der Gesellschafter zu tragen hätte.

---

[1] *Notargebühr:* 20/10 gem. § 36 Abs. 2 KostO. Geschäftswert gem. §§ 39 Abs. 1, 24 Abs. 1a KostO.

IV. Treuhandvertrag über einen Geschäftsanteil

Die Treuhand (allgemein hierzu Kap. 33 B) über einen Geschäftsanteil ist in der Form der **fremdnützigen,** die Beteiligung des Treugebers geheimhaltenden Treuhand oder der **eigennützigen** Sicherungstreuhand verbreitet. Der Treuhandvertrag bedarf nicht der notariellen **Form,** auch wenn sich in ihm eine Abtretungsverpflichtung von Treuhänder an Treugeber ergibt, da diese gemäß § 667 BGB schon aus dem Gesetz folgt (BGHZ 19, 69/70; Hachenburg/Schilling/Zutt Anh. § 15 GmbHG Rz. 52). Im Zweifel sollte man jedoch den sicheren Weg der notariellen Beurkundung wählen.

Inhaber des Geschäftsanteils mit allen Rechten und Pflichten ist der Treuhänder. Jedoch ist nach BGHZ 31, 258/266 der Treugeber hinsichtlich der §§ 30, 31, 24 und 19 Abs. 2 GmbHG wie ein Gesellschafter zu behandeln.

Die **Stimmrechtsvollmacht** kann für die Dauer der Treuhand unwiderruflich erteilt werden (BGH GmbHR 1977, 244; Reuter ZGR 1978, 633). Sie kann auch in gesonderter Urkunde wiederholt werden, damit der Treugeber das Treuhandverhältnis nicht offen zu legen braucht. Fleck (in: FS R. Fischer 1979, 107/127) hält auch eine Stimmrechtsabspaltung zugunsten des Treugebers für zulässig.

Die Übertragung der Treugeberstellung bedarf gemäß § 15 Abs. 3 GmbHG der notariellen Form, BGH DB 1980, 491. Etwaige gesellschaftsvertragliche Abtretungsbeschränkungen gemäß § 15 Abs. 5 GmbHG sind zu beachten, Hachenburg/Schilling/Zutt Anh. § 15 GmbHG Rz. 53, 55.

Der Treuhandvertrag kann zusätzliche Beschränkungen aufstellen, § 15 Abs. 5 GmbHG analog.

Steuerlich wird der in fremdnütziger Treuhand gehaltene Geschäftsanteil dem Treugeber zugerechnet, § 39 Abs. 2 Nr. 1 S. 2 AO. Die Übertragung auf den Treugeber zur Auflösung der Treuhand ist börsenumsatzsteuerfrei (Brönner/Kamprad, Komm. z. KapVerkStG, § 18 Rz. 8).

122d Treuhand[1]

Geschehen zu ...... am ......

Vor dem unterzeichneten Notar ...... sind heute erschienen, teils persönlich bekannt, teils durch Lichtbildausweis ausgewiesen: ....

Die Erschienenen erklären zur öffentlichen Urkunde

Treuhandvertrag

§ 1 Treuhand

Der Erschienene Ziffer 1 – nachstehend „Treuhänder" genannt – hält einen Geschäftsanteil von DM 25 000,– an der A-GmbH mit dem Sitz in A-Stadt treuhänderisch für den Erschienenen Ziffer 2 – nachstehend „Treugeber" genannt –.

§ 2 Aufwendungsersatz, Vergütung

Der Treuhänder hat Anspruch auf Aufwendungsersatz. Er erhält zusätzlich eine jährlich nachträglich zahlbare Vergütung von DM ....

(Alternativ: Eine Vergütung erhält er nicht.)

§ 3 Pflichten des Treuhänders, Freistellung

Der Treuhänder ist verpflichtet, alle Gesellschafterrechte, insbesondere das Stimmrecht nur gemäß zuvor einzuholender Weisung des Treugebers auszuüben. Die Erträge des Geschäftsanteils sind an den Treugeber abzuführen. Der Treuhänder hat sich jeglicher Verfügung über den Geschäftsanteil zu enthalten. Er ist dem Treugeber zur Auskunft verpflichtet. Der Treugeber stellt den Treuhänder von allen Verpflichtungen frei, die diesem bei ordnungsgemäßer Führung der Treuhand aus dem Halten des Geschäftsanteils entstehen.

§ 4 Stimmrechtsvollmacht

Der Treuhänder erteilt hiermit dem Treugeber Vollmacht, das Stimmrecht aus dem Geschäftsanteil bei Gesellschafterbeschlüssen auszuüben. Soweit der Bevollmächtigte von dieser Vollmacht Gebrauch macht, ist der Treuhänder von der Ausübung des Stimmrechts ausgeschlossen. Die Vollmacht ist unwiderruflich, solange dieser Vertrag besteht.

§ 5 Übertragung der Treugeberstellung

Der Treugeber bedarf zur Übertragung einzelner oder aller Rechte aus diesem Vertrag der schriftlichen Zustimmung des Treuhänders.

---

[1] *Notargebühr:* 20/10 gem. § 36 Abs. 2 KostO. Geschäftswert gem. § 39 Abs. 1 KostO.

§ 6 Beendigung des Treuhandverhältnisses

Das Treuhandverhältnis kann von jedem Teil mit einer Frist von 3 Monaten gekündigt werden.

Der Treuhänder ist dann verpflichtet, den Geschäftsanteil an den Treugeber oder einen von diesem benannten Dritten abzutreten.

Ein Zurückbehaltungsrecht besteht nicht.

Kapitel 123

Auflösung und Liquidation der GmbH

1. Die Auflösungsgründe ergeben sich aus § 60 GmbHG. Die Auflösung führt zur Liquidation der GmbH. Die Liquidatoren, regelmäßig die Geschäftsführer, haben die Auflösung und die Bestellung der Liquidatoren zum Handelsregister anzumelden, §§ 65, 67 GmbHG. Zum Liquidationsverfahren vgl. §§ 68 ff. GmbHG. Nach Ablauf des bei der dritten Bekanntmachung der Auflösung beginnenden Sperrjahres wird das Restvermögen der GmbH unter die Gesellschafter verteilt. Die damit eingetretene Beendigung der Liquidation und das Erlöschen der Firma sind zur Eintragung in das Handelsregister anzumelden.

Gesellschafterbeschluß auf Auflösung einer GmbH   123a

Wir sind die vollzähligen Gesellschafter der A-GmbH. Wir treten hiermit unter Verzicht auf Formen und Fristen der Einberufung zu einer Gesellschafterversammlung dieser Gesellschaft zusammen und beschließen einstimmig:

Die Gesellschaft wird aufgelöst.

Der bisherige Geschäftsführer B wird zum Liquidator bestellt. Er vertritt die Gesellschaft allein, solange er alleiniger Liquidator ist. Sind mehrere Liquidatoren bestellt, so vertreten sie gemeinschaftlich.

Die Bücher und Schriften der Gesellschaft werden nach Beendigung der Liquidation durch den Liquidator verwahrt.

................, den ....

(Unterschriften)

123 b Anmeldung der Auflösung[1]

An das Amtsgericht
— Registergericht —

Zum Handelsregister der A-GmbH überreiche ich als deren Liquidator beglaubigte Abschrift des Gesellschafterbeschlusses vom ...... und melde zur Eintragung an:
Die Gesellschaft ist aufgelöst. Ich selbst bin zum Liquidator bestellt. Ich vertrete die Gesellschaft allein, solange ich alleiniger Liquidator bin. Bei Vorhandensein mehrerer Liquidatoren vertreten diese gemeinsam.
Ich zeichne meine Unterschrift:
(Es folgt die Versicherung über Vorstrafen usw. wie bei Muster 115 b)

---

1 *Notar- und Gerichtsgebühr* wie Muster **119 b** Anm. 1.

123 c Bekanntmachung der Auflösung im Veröffentlichungsorgan der GmbH

Veröffentlichung im Bundesanzeiger vom ...... :
Die A-GmbH mit dem Sitz in ...... ist aufgelöst. Die Gläubiger der Gesellschaft werden aufgefordert, sich bei ihr zu melden.
A-GmbH i. L. der Liquidator B

2. § 65 Abs. 2 GmbHG verlangt die dreimalige Veröffentlichung der Bekanntmachung der Auflösung und des Gläubigeraufgebots in den in § 30 Abs. 2 GmbHG bezeichneten Blättern. Die letzte Veröffentlichung setzt die Sperrfrist von einem Jahr gemäß § 73 Abs. 1 GmbHG in Lauf. Nach Ablauf dieses Sperrjahres ist die Beendigung der Liquidation und das Erlöschen der Firma zum Handelsregister anzumelden:

123 d Anmeldung der Beendigung der Liquidation[1]

An das Amtsgericht
— Registergericht —

Zum Handelsregister der A-GmbH melde ich als alleiniger Liquidator an, daß die Liquidation beendet und die Firma der GmbH erloschen ist. Ich überreiche die Belegexemplare des Bundesanzeigers vom ...... vom ...... und vom ...... hinsichtlich der Bekanntmachung der Auflösung und des Gläubigeraufgebots. Ich habe die Bücher und Schriften der Gesellschaft zur Aufbewahrung übernommen.

---

1 *Notar- und Gerichtsgebühr* wie Muster **119 b** Anm. 1. Geschäftswert jedoch nur gem. § 26 Abs. 4 KostO.

Gesetz betreffend die Gesellschaften mit beschränkter Haftung

Vom 20. April 1892 (RGBl. S. 477) in der Fassung vom 20. Mai 1898 (RGBl. S. 846)

Unter Berücksichtigung aller seither ergangenen Änderungen*, zuletzt durch
1. Art. 1 des Gesetzes zur Änderung des GmbHG und anderer handelsrechtlicher Vorschriften (GmbH-Novelle) vom 4. 7. 1980 (BGBl. I S. 836), in Kraft seit 1. 1. 1981;
2. Art. 7 des Gesetzes zur Durchführung der Dritten Richtlinie des Rates der Europäischen Gemeinschaften zur Koordinierung des Gesellschaftsrechts (Verschmelzungsrichtlinie-Gesetz) vom 25. 10. 1982 (BGBl. I S. 1425), in Kraft seit 1. 1. 1983;
3. Art. 3 des Gesetzes zur Durchführung der Vierten, Siebenten und Achten Richtlinie des Rates der Europäischen Gemeinschaften zur Koordinierung des Gesellschaftsrechts (Bilanzrichtlinien-Gesetz – BiRiLiG) vom 18. 12. 1985 (BGBl. I S. 2355), in Kraft seit 1. 1. 1986;
4. Art. 8 Nr. 4 des Zweiten Gesetzes zur Bekämpfung der Wirtschaftskriminalität (2. WiKG) vom 15. 5. 1986 (BGBl. I S. 721), in Kraft seit 1. 8. 1986.

1. Abschnitt

Errichtung der Gesellschaft

§ 1 Zweck der GmbH[1]

Gesellschaften mit beschränkter Haftung können nach Maßgabe der Bestimmungen dieses Gesetzes zu jedem gesetzlich zulässigen Zweck durch eine oder mehrere Personen errichtet werden.

§ 2 Form des Gesellschaftsvertrags[2]

(1) ¹Der Gesellschaftsvertrag bedarf notarieller Form. ²Er ist von sämtlichen Gesellschaftern zu unterzeichnen.

(2) Die Unterzeichnung durch Bevollmächtigte ist nur aufgrund einer notariell errichteten oder beglaubigten Vollmacht zulässig.

§ 3 Inhalt des Gesellschaftsvertrags

(1) Der Gesellschaftsvertrag muß enthalten:
1. die Firma und den Sitz der Gesellschaft,
2. den Gegenstand des Unternehmens,
3. den Betrag des Stammkapitals,

---

* Insgesamt handelt es sich um 16 Änderungen, die hier nicht im einzelnen aufgeführt zu werden brauchten.
1 § 1 neu gefaßt durch die GmbH-Novelle 1980.
2 § 2 Abs. 1 Satz 1 neu gefaßt durch die GmbH-Novelle 1980.

4. den Betrag der von jedem Gesellschafter auf das Stammkapital zu leistenden Einlage (Stammeinlage).

(2) Soll das Unternehmen auf eine gewisse Zeit beschränkt sein oder sollen den Gesellschaftern außer der Leistung von Kapitaleinlagen noch andere Verpflichtungen gegenüber der Gesellschaft auferlegt werden, so bedürfen auch diese Bestimmungen der Aufnahme in den Gesellschaftsvertrag.

§ 4 Firma

(1) [1]Die Firma der Gesellschaft muß entweder von dem Gegenstand des Unternehmens entlehnt sein oder die Namen der Gesellschafter oder den Namen wenigstens eines derselben mit einem das Vorhandensein eines Gesellschaftsverhältnisses andeutenden Zusatz enthalten. [2]Die Namen anderer Personen als der Gesellschafter dürfen in die Firma nicht aufgenommen werden. [3]Die Beibehaltung der Firma eines auf die Gesellschaft übergegangenen Geschäfts (Handelsgesetzbuch § 22) wird hierdurch nicht ausgeschlossen.

(2) Die Firma der Gesellschaft muß in allen Fällen die zusätzliche Bezeichnung „mit beschränkter Haftung" enthalten.

§ 5 Stammkapital und Stammeinlagen[3]

(1) Das Stammkapital der Gesellschaft muß mindestens fünfzigtausend Deutsche Mark, die Stammeinlage jedes Gesellschafters muß mindestens fünfhundert Deutsche Mark betragen.

(2) Kein Gesellschafter kann bei Errichtung der Gesellschaft mehrere Stammeinlagen übernehmen.

(3) [1]Der Betrag der Stammeinlage kann für die einzelnen Gesellschafter verschieden bestimmt werden. [2]Er muß in Deutscher Mark durch hundert teilbar sein. [3]Der Gesamtbetrag der Stammeinlagen muß mit dem Stammkapital übereinstimmen.

(4) [1]Sollen Sacheinlagen geleistet werden, so müssen der Gegenstand der Sacheinlage und der Betrag der Stammeinlage, auf die sich die Sacheinlage bezieht, im Gesellschaftsvertrag festgesetzt werden. [2]Die Gesellschafter haben in einem Sachgründungsbericht die für die Angemessenheit der Leistungen für Sacheinlagen wesentlichen Umstände darzulegen und beim Übergang eines Unternehmens auf die Gesellschaft die Jahresergebnisse der beiden letzten Geschäftsjahre anzugeben.

§ 6 Geschäftsführer[4]

(1) Die Gesellschaft muß einen oder mehrere Geschäftsführer haben.

(2) [1]Geschäftsführer kann nur eine natürliche, unbeschränkt geschäftsfähige Person sein. [2]Wer wegen einer Straftat nach den §§ 283 bis 283d des Strafgesetzbuchs verurteilt worden ist, kann auf die Dauer von fünf Jahren seit der Rechtskraft des Urteils nicht Geschäftsführer sein; in die Frist wird die Zeit nicht eingerechnet, in welcher der Täter auf behördliche Anordnung in einer Anstalt verwahrt worden ist. [3]Wem durch gerichtliches Urteil oder durch vollziehbare Entscheidung einer Verwaltungsbehörde die Ausübung eines Berufs, Berufszweiges, Gewerbes oder Gewerbezweiges untersagt worden ist, kann für die Zeit, für welche das Verbot wirksam ist, bei einer Gesellschaft, deren Unternehmensgegenstand ganz oder teilweise mit dem Gegenstand des Verbots übereinstimmt, nicht Geschäftsführer sein.

(3) [1]Zu Geschäftsführern können Gesellschafter oder andere Personen bestellt werden.

---

3 § 5 Abs. 1 geändert, Abs. 4 neu gefaßt durch die GmbH-Novelle 1980.
4 § 6 Abs. 2 eingefügt durch die GmbH-Novelle 1980; bisherige Abs. 2 und 3 jetzt Abs. 3 und 4.

²Die Bestellung erfolgt entweder im Gesellschaftsvertrag oder nach Maßgabe der Bestimmungen des dritten Abschnitts.

(4) Ist im Gesellschaftsvertrag bestimmt, daß sämtliche Gesellschafter zur Geschäftsführung berechtigt sein sollen, so gelten nur die der Gesellschaft bei Festsetzung dieser Bestimmung angehörenden Personen als die bestellten Geschäftsführer.

§ 7 Anmeldung zum Handelsregister[5]

(1) Die Gesellschaft ist bei dem Gericht, in dessen Bezirk sie ihren Sitz hat, zur Eintragung in das Handelsregister anzumelden.

(2) ¹Die Anmeldung darf erst erfolgen, wenn auf jede Stammeinlage, soweit nicht Sacheinlagen vereinbart sind, ein Viertel eingezahlt ist. ²Insgesamt muß auf das Stammkapital mindestens soviel eingezahlt sein, daß der Gesamtbetrag der eingezahlten Geldeinlagen zuzüglich des Gesamtbetrags der Stammeinlagen, für die Sacheinlagen zu leisten sind, fünfundzwanzigtausend Deutsche Mark erreicht. ³Wird die Gesellschaft nur durch eine Person errichtet, so darf die Anmeldung erst erfolgen, wenn mindestens die nach den Sätzen 1 und 2 vorgeschriebenen Einzahlungen geleistet sind und der Gesellschafter für den übrigen Teil der Geldeinlage eine Sicherung bestellt hat.

(3) Die Sacheinlagen sind vor der Anmeldung der Gesellschaft zur Eintragung in das Handelsregister so an die Gesellschaft zu bewirken, daß sie endgültig zur freien Verfügung der Geschäftsführer stehen.

§ 8 Inhalt der Anmeldung[6]

(1) Der Anmeldung müssen beigefügt sein:

1. der Gesellschaftsvertrag und im Fall des § 2 Abs. 2 die Vollmachten der Vertreter, welche den Gesellschaftsvertrag unterzeichnet haben, oder eine beglaubigte Abschrift dieser Urkunden,
2. die Legitimation der Geschäftsführer, sofern dieselben nicht im Gesellschaftsvertrag bestellt sind,
3. eine von den Anmeldenden unterschriebene Liste der Gesellschaft, aus welcher Name, Vorname, Stand und Wohnort der letzteren sowie der Betrag der von einem jeden derselben übernommenen Stammeinlagen ersichtlich ist,
4. im Fall des § 5 Abs. 4 die Verträge, die den Festsetzungen zugrunde liegen oder zu ihrer Ausführung geschlossen worden sind, und der Sachgründungsbericht,
5. wenn Sacheinlagen vereinbart sind, Unterlagen darüber, daß der Wert der Sacheinlagen den Betrag der dafür übernommenen Stammeinlagen erreicht,
6. in dem Fall, daß der Gegenstand des Unternehmens der staatlichen Genehmigung bedarf, die Genehmigungsurkunde.

(2) ¹In der Anmeldung ist die Versicherung abzugeben, daß die in § 7 Abs. 2 und 3 bezeichneten Leistungen auf die Stammeinlagen bewirkt sind und daß der Gegenstand der Leistungen sich endgültig in der freien Verfügung der Geschäftsführer befindet. ²Wird die Gesellschaft nur durch eine Person errichtet und die Geldeinlage nicht voll eingezahlt, so ist auch zu versichern, daß die nach § 7 Abs. 2 Satz 3 erforderliche Sicherung bestellt ist.

(3) ¹In der Anmeldung haben die Geschäftsführer zu versichern, daß keine Umstände vorliegen, die ihrer Bestellung nach § 6 Abs. 2 Satz 2 und 3 entgegenstehen, und daß sie über ihre unbeschränkte Auskunftspflicht gegenüber dem Gericht belehrt worden

---

[5] § 7 Abs. 2 neu gefaßt; Abs. 3 angefügt durch die GmbH-Novelle 1980.
[6] § 8 Abs. 1 Nr. 4 und 5 eingefügt durch die GmbH-Novelle 1980; bisherige Nr. 4 jetzt Nr. 6; Abs. 2 neu gefaßt; Abs. 3 eingefügt durch die GmbH-Novelle 1980; bisherige Abs. 3 und 4 jetzt Abs. 4 und 5.

sind. ²Die Belehrung nach § 53 Abs. 2 des Bundeszentralregistergesetzes in der Fassung der Bekanntmachung vom 21. September 1984 (BGBl. I S. 1229) kann auch durch einen Notar vorgenommen werden.

(4) In der Anmeldung ist ferner anzugeben, welche Vertretungsbefugnis die Geschäftsführer haben.

(5) Die Geschäftsführer haben ihre Unterschrift zur Aufbewahrung bei dem Gericht zu zeichnen.

§ 9 Nachzahlungspflicht bei Überbewertung von Sacheinlagen[7]

(1) Erreicht der Wert einer Sacheinlage im Zeitpunkt der Anmeldung der Gesellschaft zur Eintragung in das Handelsregister nicht den Betrag der dafür übernommenen Stammeinlage, hat der Gesellschafter in Höhe des Fehlbetrags eine Einlage in Geld zu leisten.

(2) Der Anspruch der Gesellschaft verjährt in fünf Jahren seit der Eintragung der Gesellschaft in das Handelsregister.

§ 9a Haftung der Gesellschafter und Geschäftsführer bei Errichtung der Gesellschaft[8]

(1) Werden zum Zweck der Errichtung der Gesellschaft falsche Angaben gemacht, so haben die Gesellschafter und Geschäftsführer der Gesellschaft als Gesamtschuldner fehlende Einzahlungen zu leisten, eine Vergütung, die nicht unter den Gründungsaufwand aufgenommen ist, zu ersetzen und für den sonst entstehenden Schaden Ersatz zu leisten.

(2) Wird die Gesellschaft von Gesellschaftern durch Einlagen oder Gründungsaufwand vorsätzlich oder aus grober Fahrlässigkeit geschädigt, so sind ihr alle Gesellschafter als Gesamtschuldner zum Ersatz verpflichtet.

(3) Von diesen Verpflichtungen ist ein Gesellschafter oder ein Geschäftsführer befreit, wenn er die die Ersatzpflicht begründenden Tatsachen weder kannte noch bei Anwendung der Sorgfalt eines ordentlichen Geschäftsmannes kennen mußte.

(4) ¹Neben den Gesellschaftern sind in gleicher Weise Personen verantwortlich, für deren Rechnung die Gesellschafter Stammeinlagen übernommen haben. ²Sie können sich auf ihre eigene Unkenntnis nicht wegen solcher Umstände berufen, die ein für ihre Rechnung handelnder Gesellschafter kannte oder bei Anwendung der Sorgfalt eines ordentlichen Geschäftsmannes kennen mußte.

§ 9b Verzicht, Vergleich, Verjährung von Ersatzansprüchen[9]

(1) ¹Ein Verzicht der Gesellschaft auf Ersatzansprüche nach § 9a oder ein Vergleich der Gesellschaft über diese Ansprüche ist unwirksam, soweit der Ersatz zur Befriedigung der Gläubiger der Gesellschaft erforderlich ist. ²Dies gilt nicht, wenn der Ersatzpflichtige zahlungsunfähig ist und sich zur Abwendung oder Beseitigung des Konkursverfahrens mit seinen Gläubigern vergleicht.

(2) ¹Ersatzansprüche der Gesellschaft nach § 9a verjähren in fünf Jahren. ²Die Verjährung beginnt mit der Eintragung der Gesellschaft in das Handelsregister oder, wenn die zum Ersatz verpflichtende Handlung später begangen worden ist, mit der Vornahme der Handlung.

---

7 § 9 neu gefaßt durch die GmbH-Novelle 1980.
8 § 9a eingefügt durch die GmbH-Novelle 1980.
9 § 9b eingefügt durch die GmbH-Novelle 1980.

§ 9c   Prüfung des Gerichts bei Anmeldung[10]

¹Ist die Gesellschaft nicht ordnungsgemäß errichtet und angemeldet, so hat das Gericht die Eintragung abzulehnen. ²Dies gilt auch, wenn Sacheinlagen überbewertet worden sind.

§ 10   Eintragung in das Handelsregister[11]

(1) ¹Bei der Eintragung in das Handelsregister sind die Firma und der Sitz der Gesellschaft, der Gegenstand des Unternehmens, die Höhe des Stammkapitals, der Tag des Abschlusses des Gesellschaftsvertrages und die Personen der Geschäftsführer anzugeben. ²Ferner ist einzutragen, welche Vertretungsbefugnis die Geschäftsführer haben.

(2) Enthält der Gesellschaftsvertrag eine Bestimmung über die Zeitdauer der Gesellschaft, so ist auch diese Bestimmung einzutragen.

(3) In die Veröffentlichung, durch welche die Eintragung bekanntgemacht wird, sind außer dem Inhalt der Eintragung die nach § 5 Abs. 4 Satz 1 getroffenen Festsetzungen und, sofern der Gesellschaftsvertrag besondere Bestimmungen über die Form enthält, in welcher öffentliche Bekanntmachungen der Gesellschaft erlassen werden, auch diese Bestimmungen aufzunehmen.

§ 11   Rechtslage und Haftung vor Eintragung

(1) Vor der Eintragung in das Handelsregister des Sitzes der Gesellschaft besteht die Gesellschaft mit beschränkter Haftung als solche nicht.

(2) Ist vor der Eintragung im Namen der Gesellschaft gehandelt worden, so haften die Handelnden persönlich und solidarisch.

§ 12   Zweigniederlassung[12]

(1) ¹Auf die Anmeldung der Errichtung einer Zweigniederlassung finden die Bestimmungen in § 8 Abs. 1 und 2 keine Anwendung. ²Der Anmeldung ist eine Abschrift des Gesellschaftsvertrages und der Liste der Gesellschafter beizufügen. ³Das Gericht des Sitzes hat vor Weitergabe der Anmeldung die bei ihm eingereichte Abschrift des Gesellschaftsvertrages und der Liste der Gesellschafter zu beglaubigen.

(2) ¹Die Eintragung hat die in § 10 Abs. 1 und 2 bezeichneten Angaben zu enthalten. ²In die Veröffentlichung, durch welche die Eintragung bekanntgemacht wird, sind auch die in § 10 Abs. 3 bezeichneten Bestimmungen aufzunehmen, die nach § 5 Abs. 4 Satz 1 getroffenen Festsetzungen jedoch nur dann, wenn die Eintragung innerhalb der ersten zwei Jahre nach der Eintragung in das Handelsregister des Sitzes der Gesellschaft erfolgt.

---

10 § 9c eingefügt durch die GmbH-Novelle 1980.
11 § 10 Abs. 3 geändert durch die GmbH-Novelle 1980.
12 § 12 Abs. 2 Satz 2 geändert durch die GmbH-Novelle 1980.

2. Abschnitt
Rechtsverhältnisse der Gesellschaft und der Gesellschafter

§ 13 Rechtsnatur der GmbH

(1) Die Gesellschaft mit beschränkter Haftung als solche hat selbständig ihre Rechte und Pflichten; sie kann Eigentum und andere dingliche Rechte an Grundstücken erwerben, vor Gericht klagen und verklagt werden.

(2) Für die Verbindlichkeiten der Gesellschaft haftet den Gläubigern derselben nur das Gesellschaftsvermögen.

(3) Die Gesellschaft gilt als Handelsgesellschaft im Sinne des Handelsgesetzbuchs.

§ 14 Geschäftsanteile

Der Geschäftsanteil jedes Gesellschafters bestimmt sich nach dem Betrage der von ihm übernommenen Stammeinlage.

§ 15 Übertragung von Geschäftsanteilen

(1) Die Geschäftsanteile sind veräußerlich und vererblich.

(2) Erwirbt ein Gesellschafter zu seinem ursprünglichen Geschäftsanteil weitere Geschäftsanteile, so behalten dieselben ihre Selbständigkeit.

(3) Zur Abtretung von Geschäftsanteilen durch Gesellschafter bedarf es eines in notarieller Form geschlossenen Vertrages.

(4) ¹Der notariellen Form bedarf auch eine Vereinbarung, durch welche die Verpflichtung eines Gesellschafters zur Abtretung eines Geschäftsanteils begründet wird. ²Eine ohne diese Form getroffene Vereinbarung wird jedoch durch den nach Maßgabe des vorigen Absatzes geschlossenen Abtretungsvertrag gültig.

(5) Durch den Gesellschaftsvertrag kann die Abtretung der Geschäftsanteile an weitere Voraussetzungen geknüpft, insbesondere von der Genehmigung der Gesellschaft abhängig gemacht werden.

§ 16 Rechtsstellung von Veräußerer und Erwerber

(1) Der Gesellschaft gegenüber gilt im Fall der Veräußerung des Geschäftsanteils nur derjenige als Erwerber, dessen Erwerb unter Nachweis des Übergangs bei der Gesellschaft angemeldet ist.

(2) Die vor der Anmeldung von der Gesellschaft gegenüber dem Veräußerer oder von dem letzteren gegenüber der Gesellschaft in bezug auf das Gesellschaftsverhältnis vorgenommenen Rechtshandlungen muß der Erwerber gegen sich gelten lassen.

(3) Für die zur Zeit der Anmeldung auf den Geschäftsanteil rückständigen Leistungen ist der Erwerber neben dem Veräußerer verhaftet.

§ 17 Veräußerung von Teilen eines Geschäftsanteils

(1) Die Veräußerung von Teilen eines Geschäftsanteils kann nur mit Genehmigung der Gesellschaft stattfinden.

(2) Die Genehmigung bedarf der schriftlichen Form; sie muß die Person des Erwerbers und den Betrag bezeichnen, welcher von der Stammeinlage des ungeteilten Geschäftsanteils auf jeden der durch die Teilung entstehenden Geschäftsanteile entfällt.

(3) Im Gesellschaftsvertrag kann bestimmt werden, daß für die Veräußerung von Teilen eines Geschäftsanteils an andere Gesellschafter, sowie für die Teilung von Geschäftsanteilen verstorbener Gesellschafter unter deren Erben eine Genehmigung der Gesellschaft nicht erforderlich ist.

(4) Die Bestimmungen in § 5 Abs. 1 und 3 über den Betrag der Stammeinlagen finden bei der Teilung von Geschäftsanteilen entsprechende Anwendung.

(5) Eine gleichzeitige Übertragung mehrerer Teile von Geschäftsanteilen eines Gesellschafters an denselben Erwerber ist unzulässig.

(6) [1]Außer dem Fall der Veräußerung und Vererbung findet eine Teilung von Geschäftsanteilen nicht statt. [2]Sie kann im Gesellschaftsvertrag auch für diese Fälle ausgeschlossen werden.

§ 18 Mitberechtigung am Geschäftsanteil

(1) Steht ein Geschäftsanteil mehreren Mitberechtigten ungeteilt zu, so können sie die Rechte aus demselben nur gemeinschaftlich ausüben.

(2) Für die auf den Geschäftsanteil zu bewirkenden Leistungen haften sie der Gesellschaft solidarisch.

(3) [1]Rechtshandlungen, welche die Gesellschaft gegenüber dem Inhaber des Anteils vorzunehmen hat, sind, sofern nicht ein gemeinsamer Vertreter der Mitberechtigten vorhanden ist, wirksam, wenn sie auch nur gegenüber einem Mitberechtigten vorgenommen werden. [2]Gegenüber mehreren Erben eines Gesellschafters findet diese Bestimmung nur in bezug auf Rechtshandlungen Anwendung, welche nach Ablauf eines Monats seit dem Anfall der Erbschaft vorgenommen werden.

§ 19 Leistungen der Gesellschafter auf die Stammeinlagen[13]

(1) Die Einzahlungen auf die Stammeinlagen sind nach dem Verhältnis der Geldeinlagen zu leisten.

(2) [1]Von der Verpflichtung zur Leistung der Einlagen können die Gesellschafter nicht befreit werden. [2]Gegen den Anspruch der Gesellschaft ist die Aufrechnung nicht zulässig. [3]An dem Gegenstand einer Sacheinlage kann wegen Forderungen, welche sich nicht auf den Gegenstand beziehen, kein Zurückbehaltungsrecht geltend gemacht werden.

(3) Durch eine Kapitalherabsetzung können die Gesellschafter von der Verpflichtung zur Leistung von Einlagen höchstens in Höhe des Betrags befreit werden, um den das Stammkapital herabgesetzt worden ist.

(4) [1]Vereinigen sich innerhalb von drei Jahren nach der Eintragung der Gesellschaft in das Handelsregister alle Geschäftsanteile in der Hand eines Gesellschafters oder daneben in der Hand der Gesellschaft, so hat der Gesellschafter innerhalb von drei Monaten seit der Vereinigung der Geschäftsanteile alle Geldeinlagen voll einzuzahlen oder der Gesellschaft für die Zahlung der noch ausstehenden Beträge eine Sicherung zu bestellen oder einen Teil der Geschäftsanteile an einen Dritten zu übertragen. [2]Die Geschäftsführer haben die Vereinigung der Geschäftsanteile unverzüglich zum Handelsregister anzuzeigen.

(5) Eine Leistung auf die Stammeinlage, welche nicht in Geld besteht oder welche durch Aufrechnung einer für die Überlassung von Vermögensgegenständen zu gewährenden Vergütung bewirkt wird, befreit den Gesellschafter von seiner Verpflichtung nur, soweit sie in Ausführung einer nach § 5 Abs. 4 Satz 1 getroffenen Bestimmung erfolgt.

---

13 § 19 neu gefaßt durch die GmbH-Novelle 1980.

§ 20 Verzugszinsen

Ein Gesellschafter, welcher den auf die Stammeinlage eingeforderten Betrag nicht zur rechten Zeit einzahlt, ist zur Entrichtung von Verzugszinsen von Rechts wegen verpflichtet.

§ 21 Ausschluß säumiger Gesellschafter

(1) ¹Im Fall verzögerter Einzahlungen kann an den säumigen Gesellschafter eine erneute Aufforderung zur Zahlung binnen einer zu bestimmenden Nachfrist unter Androhung seines Ausschlusses mit dem Geschäftsanteil, auf welchen die Zahlung zu erfolgen hat, erlassen werden. ²Die Aufforderung erfolgt mittels eingeschriebenen Briefes. ³Die Nachfrist muß mindestens einen Monat betragen.

(2) ¹Nach fruchtlosem Ablauf der Frist ist der säumige Gesellschafter seines Geschäftsanteils und der geleisteten Teilzahlungen zugunsten der Gesellschaft verlustig zu erklären. ²Die Erklärung erfolgt mittels eingeschriebenen Briefes.

(3) Wegen des Ausfalls, welchen die Gesellschaft an dem rückständigen Betrag oder den später auf den Geschäftsanteil eingeforderten Beträgen der Stammeinlage erleidet, bleibt ihr der ausgeschlossene Gesellschafter verhaftet.

§ 22 Haftung der Rechtsvorgänger

(1) Wegen des von dem ausgeschlossenen Gesellschafter nicht bezahlten Betrages der Stammeinlage ist der Gesellschaft der letzte und jeder frühere, bei der Gesellschaft angemeldete Rechtsvorgänger des Ausgeschlossenen verhaftet.

(2) Ein früherer Rechtsvorgänger haftet nur, soweit die Zahlung von dessen Rechtsnachfolger nicht zu erlangen ist; dies ist bis zum Beweis des Gegenteils anzunehmen, wenn der letztere die Zahlung nicht bis zum Ablauf eines Monats geleistet hat, nachdem an ihn die Zahlungsaufforderung und an den Rechtsvorgänger die Benachrichtigung von derselben erfolgt ist.

(3) ¹Die Haftpflicht des Rechtsvorgängers ist auf die innerhalb der Frist von fünf Jahren auf die Stammeinlage eingeforderten Einzahlungen beschränkt. ²Die Frist beginnt mit dem Tage, an welchem der Übergang des Geschäftsanteils auf den Rechtsnachfolger ordnungsmäßig angemeldet ist.

(4) Der Rechtsvorgänger erwirbt gegen Zahlung des rückständigen Betrages den Geschäftsanteil des ausgeschlossenen Gesellschafters.

§ 23 Versteigerung des Geschäftsanteils

¹Ist die Zahlung des rückständigen Betrages von Rechtsvorgängern nicht zu erlangen, so kann die Gesellschaft den Geschäftsanteil im Wege öffentlicher Versteigerung verkaufen lassen. ²Eine andere Art des Verkaufs ist nur mit Zustimmung des ausgeschlossenen Gesellschafters zulässig.

§ 24 Aufbringung von Fehlbeträgen

¹Soweit eine Stammeinlage weder von den Zahlungspflichtigen eingezogen, noch durch Verkauf des Geschäftsanteils gedeckt werden kann, haben die übrigen Gesellschafter den Fehlbetrag nach Verhältnis ihrer Geschäftsanteile aufzubringen. ²Beiträge, welche von einzelnen Gesellschaftern nicht zu erlangen sind, werden nach dem bezeichneten Verhältnis auf die übrigen verteilt.

§ 25 Zwingendes Recht

Von den in den §§ 21 bis 24 bezeichneten Rechtsfolgen können die Gesellschafter nicht befreit werden.

§ 26 Nachschußpflicht – Allgemein

(1) Im Gesellschaftsvertrag kann bestimmt werden, daß die Gesellschafter über den Betrag der Stammeinlagen hinaus die Einforderung von weiteren Einzahlungen (Nachschüssen) beschließen können.

(2) Die Einzahlung der Nachschüsse hat nach Verhältnis der Geschäftsanteile zu erfolgen.

(3) Die Nachschußpflicht kann im Gesellschaftsvertrag auf einen bestimmten, nach Verhältnis der Geschäftsanteile festzusetzenden Betrag beschränkt werden.

§ 27 Unbeschränkte Nachschußpflicht

(1) [1]Ist die Nachschußpflicht nicht auf einen bestimmten Betrag beschränkt, so hat jeder Gesellschafter, falls er die Stammeinlage vollständig eingezahlt hat, das Recht, sich von der Zahlung des auf den Geschäftsanteil eingeforderten Nachschusses dadurch zu befreien, daß er innerhalb eines Monats nach der Aufforderung zur Einzahlung den Geschäftsanteil der Gesellschaft zur Befriedigung aus demselben zur Verfügung stellt. [2]Ebenso kann die Gesellschaft, wenn der Gesellschafter binnen der angegebenen Frist weder von der bezeichneten Befugnis Gebrauch macht, noch die Einzahlung leistet, demselben mittels eingeschriebenen Briefes erklären, daß sie den Geschäftsanteil als zur Verfügung gestellt betrachte.

(2) [1]Die Gesellschaft hat den Geschäftsanteil innerhalb eines Monats nach der Erklärung des Gesellschafters oder der Gesellschaft im Wege öffentlicher Versteigerung verkaufen zu lassen. [2]Eine andere Art des Verkaufs ist nur mit Zustimmung des Gesellschafters zulässig. [3]Ein nach Deckung der Verkaufskosten und des rückständigen Nachschusses verbleibender Überschuß gebührt dem Gesellschafter.

(3) [1]Ist die Befriedigung der Gesellschaft durch den Verkauf nicht zu erlangen, so fällt der Geschäftsanteil der Gesellschaft zu. [2]Dieselbe ist befugt, den Anteil für eigene Rechnung zu veräußern.

(4) Im Gesellschaftsvertrag kann die Anwendung der vorstehenden Bestimmungen auf den Fall beschränkt werden, daß die auf den Geschäftsanteil eingeforderten Nachschüsse einen bestimmten Betrag überschreiten.

§ 28 Beschränkte Nachschußpflicht

(1) [1]Ist die Nachschußpflicht auf einen bestimmten Betrag beschränkt, so finden, wenn im Gesellschaftsvertrag nicht ein anderes festgesetzt ist, im Fall verzögerter Einzahlung von Nachschüssen die auf die Einzahlung der Stammeinlagen bezüglichen Vorschriften der §§ 21 bis 23 entsprechende Anwendung. [2]Das gleiche gilt im Fall des § 27 Abs. 4 auch bei unbeschränkter Nachschußpflicht, soweit die Nachschüsse den im Gesellschaftsvertrag festgesetzten Betrag nicht überschreiten.

(2) Im Gesellschaftsvertrag kann bestimmt werden, daß die Einforderung von Nachschüssen, auf deren Zahlung die Vorschriften der §§ 21 bis 23 Anwendung finden, schon vor vollständiger Einforderung der Stammeinlagen zulässig ist.

§ 29 Verteilung des Reingewinns[14]

(1) ¹Die Gesellschafter haben Anspruch auf den Jahresüberschuß zuzüglich eines Gewinnvortrags und abzüglich eines Verlustvortrags, soweit der sich ergebende Betrag nicht nach Gesetz oder Gesellschaftsvertrag, durch Beschluß nach Absatz 2 oder als zusätzlicher Aufwand aufgrund des Beschlusses über die Verwendung des Ergebnisses von der Verteilung unter die Gesellschafter ausgeschlossen ist. ²Wird die Bilanz unter Berücksichtigung der teilweisen Ergebnisverwendung aufgestellt oder werden Rücklagen aufgelöst, so haben die Gesellschafter abweichend von Satz 1 Anspruch auf den Bilanzgewinn.

(2) Im Beschluß über die Verwendung des Ergebnisses können die Gesellschafter, wenn der Gesellschaftsvertrag nichts anderes bestimmt, Beträge in Gewinnrücklagen einstellen oder als Gewinn vortragen.

(3) ¹Die Verteilung erfolgt nach Verhältnis der Geschäftsanteile. ²Im Gesellschaftsvertrag kann ein anderer Maßstab der Verteilung festgesetzt werden.

(4) ¹Unbeschadet der Absätze 1 und 2 und abweichender Gewinnverteilungsabreden nach Absatz 3 Satz 2 können die Geschäftsführer mit Zustimmung des Aufsichtsrats oder der Gesellschafter den Eigenkapitalanteil von Wertaufholungen bei Vermögensgegenständen des Anlage- und Umlaufvermögens und von bei der steuerrechtlichen Gewinnermittlung gebildeten Passivposten, die nicht im Sonderposten mit Rücklageanteil ausgewiesen werden dürfen, in andere Gewinnrücklagen einstellen. ²Der Betrag dieser Rücklagen ist entweder in der Bilanz gesondert auszuweisen oder im Anhang anzugeben.

§ 30 Erhaltung des Stammkapitals

(1) Das zur Erhaltung des Stammkapitals erforderliche Vermögen der Gesellschaft darf an die Gesellschafter nicht ausgezahlt werden.

(2) ¹Eingezahlte Nachschüsse können, soweit sie nicht zur Deckung eines Verlustes am Stammkapital erforderlich sind, an die Gesellschafter zurückgezahlt werden. ²Die Zurückzahlung darf nicht vor Ablauf von drei Monaten erfolgen, nachdem der Rückzahlungsbeschluß durch die im Gesellschaftsvertrag für die Bekanntmachungen der Gesellschaft bestimmten öffentlichen Blätter und in Ermangelung solcher durch die für die Bekanntmachungen aus dem Handelsregister bestimmten öffentlichen Blätter bekanntge-

---

14 § 29 Abs. 1 neu gefaßt, Abs. 2 eingefügt, Abs. 4 angefügt durch das BiRiLiG; bisheriger Abs. 2 wurde Abs. 3. S. hierzu die Übergangsvorschrift in Art. 12 § 7 GmbH-Novelle, eingefügt durch Art. 11 Abs. 2 BiRiLiG:

§ 7 Gewinnverwendung

(1) ¹Bei einer Gesellschaft mit beschränkter Haftung, die bei Inkrafttreten des Bilanzrichtlinien-Gesetzes vom 19. Dezember 1985 (BGBl. I S. 2355) in das Handelsregister eingetragen ist, haben die Gesellschafter Anspruch auf den Jahresüberschuß zuzüglich eines Gewinnvortrags und abzüglich eines Verlustvortrags, soweit dieser Beitrag nicht nach Gesetz oder Gesellschaftsvertrag von der Verteilung unter die Gesellschafter ausgeschlossen ist. ²Wird die Bilanz unter Berücksichtigung der teilweisen Ergebnisverwendung aufgestellt oder werden Rücklagen aufgelöst, so haben die Gesellschafter abweichend von Satz 1 Anspruch auf den Bilanzgewinn.

(2) ¹Haben die Gesellschafter nach Absatz 1 ganz oder teilweise Anspruch auf den Jahresüberschuß oder den Bilanzgewinn, so sind Änderungen des Gesellschaftsvertrags nur in das Handelsregister einzutragen, wenn zugleich eine Änderung des Gesellschaftsvertrags eingetragen wird, durch die dieser Anspruch, die gesetzliche Regelung des § 29 Abs. 2 des Gesetzes betreffend die Gesellschaften mit beschränkter Haftung oder eine davon abweichende Bestimmung in den Gesellschaftsvertrag aufgenommen wird. ²Die Aufnahme einer solchen Bestimmung in den Gesellschaftsvertrag kann bei der erstmaligen Änderung des Gesellschaftsvertrags nach dem Inkrafttreten des Bilanzrichtlinien-Gesetzes mit einfacher Mehrheit beschlossen werden.

(3) § 29 Abs. 1 und 2 des Gesetzes betreffend die Gesellschaften mit beschränkter Haftung ist für diese Gesellschaften erst anzuwenden, wenn die Änderung des Gesellschaftsvertrags nach Absatz 2 in das Handelsregister eingetragen worden ist.

macht ist. ³Im Fall des § 28 Abs. 2 ist die Zurückzahlung von Nachschüssen vor der Volleinzahlung des Stammkapitals unzulässig. ⁴Zurückgezahlte Nachschüsse gelten als nicht eingezogen.

§ 31 Erstattung von verbotenen Rückzahlungen

(1) Zahlungen, welche den Vorschriften des § 30 zuwider geleistet sind, müssen der Gesellschaft erstattet werden.

(2) War der Empfänger in gutem Glauben, so kann die Erstattung nur insoweit verlangt werden, als sie zur Befriedigung der Gesellschaftsgläubiger erforderlich ist.

(3) ¹Ist die Erstattung von dem Empfänger nicht zu erlangen, so haften für den zu erstattenden Betrag, soweit er zur Befriedigung der Gesellschaftsgläubiger erforderlich ist, die übrigen Gesellschafter nach Verhältnis ihrer Geschäftsanteile. ²Beiträge, welche von einzelnen Gesellschaftern nicht zu erlangen sind, werden nach dem bezeichneten Verhältnis auf die übrigen verteilt.

(4) Zahlungen, welche aufgrund der vorstehenden Bestimmungen zu leisten sind, können den Verpflichteten nicht erlassen werden.

(5) ¹Die Ansprüche der Gesellschaft verjähren in fünf Jahren; die Verjährung beginnt mit dem Ablauf des Tages, an welchem die Zahlung, deren Erstattung beansprucht wird, geleistet ist. ²Fällt dem Verpflichteten eine bösliche Handlungsweise zur Last, so findet die Bestimmung keine Anwendung.

(6) Für die in den Fällen des Absatzes 3 geleistete Erstattung einer Zahlung sind den Gesellschaftern die Geschäftsführer, welchen in betreff der geleisteten Zahlung ein Verschulden zur Last fällt, solidarisch zum Ersatz verpflichtet.

§ 32 Rückzahlung von Gewinn

Liegt die in § 31 Abs. 1 bezeichnete Voraussetzung nicht vor, so sind die Gesellschafter in keinem Fall verpflichtet, Beträge, welche sie in gutem Glauben als Gewinnanteile bezogen haben, zurückzuzahlen.

§ 32a Eigenkapital ersetzende Gesellschafterdarlehen[15]

(1) ¹Hat ein Gesellschafter der Gesellschaft in einem Zeitpunkt, in dem ihr die Gesellschafter als ordentliche Kaufleute Eigenkapital zugeführt hätten, statt dessen ein Darlehen gewährt, so kann er den Anspruch auf Rückgewähr des Darlehens im Konkurs über das Vermögen der Gesellschaft oder im Vergleichsverfahren zur Abwendung des Konkurses nicht geltend machen. ²Ein Zwangsvergleich oder ein im Vergleichsverfahren geschlossener Vergleich wirkt für und gegen die Forderung des Gesellschafters.

(2) Hat ein Dritter der Gesellschaft in einem Zeitpunkt, in dem ihr die Gesellschafter als ordentliche Kaufleute Eigenkapital zugeführt hätten, statt dessen ein Darlehen gewährt und hat ihm ein Gesellschafter für die Rückgewähr des Darlehens eine Sicherung bestellt oder hat er sich dafür verbürgt, so kann der Dritte im Konkursverfahren oder im Vergleichsverfahren zur Abwendung des Konkurses über das Vermögen der Gesellschaft nur für den Betrag verhältnismäßige Befriedigung verlangen, mit dem er bei der Inanspruchnahme der Sicherung oder des Bürgen ausgefallen ist.

(3) Diese Vorschriften gelten sinngemäß für andere Rechtshandlungen eines Gesellschafters oder eines Dritten, die der Darlehensgewährung nach Absatz 1 oder 2 wirtschaftlich entsprechen.

---

15 § 32a eingefügt durch die GmbH-Novelle 1980.

§ 32b Darlehensrückzahlung vor Konkurseröffnung[16]

¹Hat die Gesellschaft im Fall des § 32a Abs. 2, 3 das Darlehen im letzten Jahr vor der Konkurseröffnung zurückgezahlt, so hat der Gesellschafter, der die Sicherung bestellt hatte oder als Bürge haftete, der Gesellschaft den zurückgezahlten Betrag zu erstatten. ²Die Verpflichtung besteht nur bis zur Höhe des Betrags, mit dem der Gesellschafter als Bürge haftete oder der dem Wert der von ihm bestellten Sicherung im Zeitpunkt der Rückzahlung des Darlehens entspricht. ³Der Gesellschafter wird von der Verpflichtung frei, wenn er die Gegenstände, die dem Gläubiger als Sicherung gedient hatten, der Gesellschaft zu ihrer Befriedigung zur Verfügung stellt. ⁴Diese Vorschriften gelten sinngemäß für andere Rechtshandlungen, die der Darlehensgewährung wirtschaftlich entsprechen.

§ 33 Eigene Geschäftsanteile[17]

(1) Die Gesellschaft kann eigene Geschäftsanteile, auf welche die Einlagen noch nicht vollständig geleistet sind, nicht erwerben oder als Pfand nehmen.

(2) ¹Eigene Geschäftsanteile, auf welche die Einlagen vollständig geleistet sind, darf sie nur erwerben, sofern der Erwerb aus dem über den Betrag des Stammkapitals hinaus vorhandenen Vermögen geschehen und die Gesellschaft die nach § 272 Abs. 4 des Handelsgesetzbuchs vorgeschriebene Rücklage für eigene Anteile bilden kann, ohne das Stammkapital oder eine nach dem Gesellschaftsvertrag zu bildende Rücklage zu mindern, die nicht zu Zahlungen an die Gesellschafter verwandt werden darf. ²Als Pfand nehmen darf sie solche Geschäftsanteile nur, soweit der Gesamtbetrag der durch Inpfandnahme eigener Geschäftsanteile gesicherten Forderungen oder, wenn der Wert der als Pfand genommenen Geschäftsanteile niedriger ist, dieser Betrag nicht höher ist als das über das Stammkapital hinaus vorhandene Vermögen. ³Ein Verstoß gegen die Sätze 1 und 2 macht den Erwerb oder die Inpfandnahme der Geschäftsanteile nicht unwirksam; jedoch ist das schuldrechtliche Geschäft über einen verbotswidrigen Erwerb oder eine verbotswidrige Inpfandnahme nichtig.

§ 34 Einziehung von Geschäftsanteilen

(1) Die Einziehung (Amortisation) von Geschäftsanteilen darf nur erfolgen, soweit sie im Gesellschaftsvertrag zugelassen ist.

(2) Ohne die Zustimmung des Anteilsberechtigten findet die Einziehung nur statt, wenn die Voraussetzungen derselben vor dem Zeitpunkt, in welchem der Berechtigte den Geschäftsanteil erworben hat, im Gesellschaftsvertrag festgesetzt waren.

(3) Die Bestimmung in § 30 Abs. 1 bleibt unberührt.

3. Abschnitt
Vertretung und Geschäftsführung

§ 35 Vertretung durch die Geschäftsführer[18]

(1) Die Gesellschaft wird durch die Geschäftsführer gerichtlich und außergerichtlich vertreten.

---

16 § 32b eingefügt durch die GmbH-Novelle 1980.
17 § 33 neu gefaßt durch die GmbH-Novelle 1980; Abs. 2 S. 1 geändert durch das BiRiLiG.
18 § 35 Abs. 4 angefügt durch die GmbH-Novelle 1980.

(2) ¹Dieselben haben in der durch den Gesellschaftsvertrag bestimmten Form ihre Willenserklärungen kundzugeben und für die Gesellschaft zu zeichnen. ²Ist nichts darüber bestimmt, so muß die Erklärung und Zeichnung durch sämtliche Geschäftsführer erfolgen. ³Ist der Gesellschaft gegenüber eine Willenserklärung abzugeben, so genügt es, wenn dieselbe an einen der Geschäftsführer erfolgt.

(3) Die Zeichnung geschieht in der Weise, daß die Zeichnenden zu der Firma der Gesellschaft ihre Namensunterschrift beifügen.

(4) Befinden sich alle Geschäftsanteile der Gesellschaft in der Hand eines Gesellschafters oder daneben in der Hand der Gesellschaft und ist er zugleich deren alleiniger Geschäftsführer, so ist auf seine Rechtsgeschäfte mit der Gesellschaft § 181 des Bürgerlichen Gesetzbuchs anzuwenden.

§ 35a Angaben auf Geschäftsbriefen

(1) ¹Auf allen Geschäftsbriefen, die an einen bestimmten Empfänger gerichtet werden, müssen die Rechtsform und der Sitz der Gesellschaft, das Registergericht des Sitzes der Gesellschaft und die Nummer, unter der die Gesellschaft in das Handelsregister eingetragen ist, sowie alle Geschäftsführer und, sofern die Gesellschaft einen Aufsichtsrat gebildet und dieser einen Vorsitzenden hat, der Vorsitzende des Aufsichtsrats mit dem Familiennamen und mindestens einem ausgeschriebenen Vornamen angegeben werden. ²Werden Angaben über das Kapital der Gesellschaft gemacht, so müssen in jedem Falle das Stammkapital sowie, wenn nicht alle in Geld zu leistenden Einlagen eingezahlt sind, der Gesamtbetrag der ausstehenden Einlagen angegeben werden.

(2) Der Angaben nach Absatz 1 Satz 1 bedarf es nicht bei Mitteilungen oder Berichten, die im Rahmen einer bestehenden Geschäftsverbindung ergehen und für die üblicherweise Vordrucke verwendet werden, in denen lediglich die im Einzelfall erforderlichen besonderen Angaben eingefügt zu werden brauchen.

(3) ¹Bestellscheine gelten als Geschäftsbriefe im Sinne des Absatzes 1. ²Absatz 2 ist auf sie nicht anzuwenden.

§ 36 Wirkung der Vertretung

Die Gesellschaft wird durch die in ihrem Namen von den Geschäftsführern vorgenommenen Rechtsgeschäfte berechtigt und verpflichtet; es ist gleichgültig, ob das Geschäft ausdrücklich im Namen der Gesellschaft vorgenommen worden ist, oder ob die Umstände ergeben, daß es nach dem Willen der Beteiligten für die Gesellschaft vorgenommen werden sollte.

§ 37 Beschränkung der Vertretungsbefugnis

(1) Die Geschäftsführer sind der Gesellschaft gegenüber verpflichtet, die Beschränkungen einzuhalten, welche für den Umfang ihrer Befugnis, die Gesellschaft zu vertreten, durch den Gesellschaftsvertrag oder, soweit dieser nicht ein anderes bestimmt, durch die Beschlüsse der Gesellschafter festgesetzt sind.

(2) ¹Gegen dritte Personen hat eine Beschränkung der Befugnis der Geschäftsführer, die Gesellschaft zu vertreten, keine rechtliche Wirkung. ²Dies gilt insbesondere für den Fall, daß die Vertretung sich nur auf gewisse Geschäfte oder Arten von Geschäften erstrecken oder nur unter gewissen Umständen oder für eine gewisse Zeit oder an einzelnen Orten stattfinden soll, oder daß die Zustimmung der Gesellschafter oder eines Organs der Gesellschaft für einzelne Geschäfte erforderlich ist.

§ 38 Widerruf der Bestellung

(1) Die Bestellung der Geschäftsführer ist zu jeder Zeit widerruflich, unbeschadet der Entschädigungsansprüche aus bestehenden Verträgen.

(2) ¹Im Gesellschaftsvertrag kann die Zulässigkeit des Widerrufs auf den Fall beschränkt werden, daß wichtige Gründe denselben notwendig machen. ²Als solche Gründe sind insbesondere grobe Pflichtverletzung oder Unfähigkeit zur ordnungsmäßigen Geschäftsführung anzusehen.

§ 39 Anmeldung der Geschäftsführer[19]

(1) Jede Änderung in den Personen der Geschäftsführer sowie die Beendigung der Vertretungsbefugnis eines Geschäftsführers ist zur Eintragung in das Handelsregister anzumelden.

(2) Der Anmeldung sind die Urkunden über die Bestellung der Geschäftsführer oder über die Beendigung der Vertretungsbefugnis in Urschrift oder öffentlich beglaubigter Abschrift für das Gericht des Sitzes der Gesellschaft beizufügen.

(3) ¹Die neuen Geschäftsführer haben in der Anmeldung zu versichern, daß keine Umstände vorliegen, die ihrer Bestellung nach § 6 Abs. 2 Satz 2 und 3 entgegenstehen und daß sie über ihre unbeschränkte Auskunftspflicht gegenüber dem Gericht belehrt worden sind. ²§ 8 Abs. 3 Satz 2 ist anzuwenden.

(4) Die Geschäftsführer haben ihre Unterschrift zur Aufbewahrung bei dem Gericht zu zeichnen.

§ 40 Liste der Gesellschafter[20]

¹Die Geschäftsführer haben jährlich im gleichen Zeitpunkt, in dem der Jahresabschluß zum Handelsregister einzureichen ist, eine von ihnen unterschriebene Liste der Gesellschafter, aus welcher Name, Vorname, Stand und Wohnort der letzteren sowie ihre Stammeinlagen zu entnehmen sind, zum Handelsregister einzureichen. ²Sind seit Einreichung der letzten Liste Veränderungen hinsichtlich der Person der Gesellschafter und des Umfangs ihrer Beteiligung nicht eingetreten, so genügt die Einreichung einer entsprechenden Erklärung.

§ 41 Buchführung; Bilanzpflicht[21]

(1) Die Geschäftsführer sind verpflichtet, für die ordnungsmäßige Buchführung der Gesellschaft zu sorgen.

(2)–(4) aufgehoben.

§ 42 Aufstellung der Bilanz[22]

(1) In der Bilanz des nach den §§ 242, 264 des Handelsgesetzbuchs aufzustellenden Jahresabschlusses ist das Stammkapital als gezeichnetes Kapital auszuweisen.

(2) ¹Das Recht der Gesellschaft zur Einziehung von Nachschüssen der Gesellschafter ist in der Bilanz insoweit zu aktivieren, als die Einziehung bereits beschlossen ist und den Gesellschaftern ein Recht, durch Verweisung auf den Geschäftsanteil sich von der Zahlung der Nachschüsse zu befreien, nicht zusteht. ²Der nachzuschießende Betrag ist auf der Aktivseite unter den Forderungen gesondert unter der Bezeichnung „Eingefor-

---

[19] § 39 Abs. 3 eingefügt durch die GmbH-Novelle 1980; bisheriger Abs. 3 jetzt Abs. 4.
[20] § 40 geändert durch das BiRiLiG.
[21] § 41 Abs. 2 und 3 aufgehoben durch das BiRiLiG; Abs. 4 aufgehoben durch das 2. Gesetz zur Änderung des Gesetzes über das Kreditwesen vom 24. 3. 1976 (BGBl. I S. 725).
[22] § 42 neu gefaßt durch das BiRiLiG.

derte Nachschüsse" auszuweisen, soweit mit der Zahlung gerechnet werden kann. ³Ein dem Aktivposten entsprechender Betrag ist auf der Passivseite in dem Posten „Kapitalrücklage" gesondert auszuweisen.

(3) Ausleihungen, Forderungen, und Verbindlichkeiten gegenüber Gesellschaftern sind in der Regel als solche jeweils gesondert auszuweisen oder im Anhang anzugeben; werden sie unter anderen Posten ausgewiesen, so muß diese Eigenschaft vermerkt werden.

§ 42a Prüfung des Jahresabschlusses[23]

(1) ¹Die Geschäftsführer haben den Jahresabschluß und den Lagebericht unverzüglich nach der Aufstellung den Gesellschaftern zum Zwecke der Feststellung des Jahresabschlusses vorzulegen. ²Ist der Jahresabschluß durch einen Abschlußprüfer zu prüfen, so haben die Geschäftsführer ihn zusammen mit dem Lagebericht und dem Prüfungsbericht des Abschlußprüfers unverzüglich nach Eingang des Prüfungsberichts vorzulegen. ³Hat die Gesellschaft einen Aufsichtsrat, so ist dessen Bericht über das Ergebnis seiner Prüfung ebenfalls unverzüglich vorzulegen.

(2) ¹Die Gesellschafter haben spätestens bis zum Ablauf der ersten acht Monate oder, wenn es sich um eine kleine Gesellschaft handelt (§ 267 Abs. 1 des Handelsgesetzbuchs), bis zum Ablauf der ersten elf Monate des Geschäftsjahrs über die Feststellung des Jahresabschlusses und über die Ergebnisverwendung zu beschließen. ²Der Gesellschaftsvertrag kann die Frist nicht verlängern. ³Auf den Jahresabschluß sind bei der Feststellung die für seine Aufstellung geltenden Vorschriften anzuwenden.

(3) Hat ein Abschlußprüfer den Jahresabschluß geprüft, so hat er auf Verlangen eines Gesellschafters an den Verhandlungen über die Feststellung des Jahresabschlusses teilzunehmen.

(4) Ist die Gesellschaft zur Aufstellung eines Konzernabschlusses und eines Konzernlageberichts verpflichtet, so ist Absatz 1 mit der Maßgabe anzuwenden, daß es der Feststellung des Konzernabschlusses nicht bedarf.

§ 43 Haftung der Geschäftsführer[24]

(1) Die Geschäftsführer haben in den Angelegenheiten der Gesellschaft die Sorgfalt eines ordentlichen Geschäftsmannes anzuwenden.

(2) Geschäftsführer, welche ihre Obliegenheiten verletzen, haften der Gesellschaft solidarisch für den entstandenen Schaden.

(3) ¹Insbesondere sind sie zum Ersatze verpflichtet, wenn den Bestimmungen des § 30 zuwider Zahlungen aus dem zur Erhaltung des Stammkapitals erforderlichen Vermögen der Gesellschaft gemacht oder den Bestimmungen des § 33 zuwider eigene Geschäftsanteile der Gesellschaft erworben worden sind. ²Auf den Ersatzanspruch finden die Bestimmungen in § 9b Abs. 1 entsprechende Anwendung. ³Soweit der Ersatz zur Befriedigung der Gläubiger der Gesellschaft erforderlich ist, wird die Verpflichtung der Geschäftsführer dadurch nicht aufgehoben, daß dieselben in Befolgung eines Beschlusses der Gesellschafter gehandelt haben.

(4) Die Ansprüche aufgrund der vorstehenden Bestimmungen verjähren in fünf Jahren.

---

23 § 42a neu gefaßt durch das BiRiLiG.
24 § 43 Abs. 3 S. 2 geändert durch die GmbH-Novelle 1980.

§ 43a Kreditgewährung an Geschäftsführer, Prokuristen und Handlungsbevollmächtigte[25]

¹Den Geschäftsführern, anderen gesetzlichen Vertretern, Prokuristen oder zum gesamten Geschäftsbetrieb ermächtigten Handlungsbevollmächtigten darf Kredit nicht aus dem zur Erhaltung des Stammkapitals erforderlichen Vermögen der Gesellschaft gewährt werden. ²Ein entgegen Satz 1 gewährter Kredit ist ohne Rücksicht auf entgegenstehende Vereinbarungen sofort zurückzugewähren.

§ 44 Stellvertreter von Geschäftsführern

Die für die Geschäftsführer gegebenen Vorschriften gelten auch für Stellvertreter von Geschäftsführern.

§ 45 Rechte der Gesellschafter im allgemeinen

(1) Die Rechte, welche den Gesellschaftern in den Angelegenheiten der Gesellschaft, insbesondere in bezug auf die Führung der Geschäfte zustehen, sowie die Ausübung derselben bestimmen sich, soweit nicht gesetzliche Vorschriften entgegenstehen, nach dem Gesellschaftsvertrag.

(2) In Ermangelung besonderer Bestimmungen des Gesellschaftsvertrages finden die Vorschriften der §§ 46 bis 51 Anwendung.

§ 46 Gegenstand der Gesellschafterbeschlüsse[26]

Der Bestimmung der Gesellschafter unterliegen:
1. die Feststellung des Jahresabschlusses und die Verwendung des Ergebnisses;
2. die Einforderung von Einzahlungen auf die Stammeinlagen;
3. die Rückzahlung von Nachschüssen;
4. die Teilung sowie die Einziehung von Geschäftsanteilen;
5. die Bestellung und die Abberufung von Geschäftsführern sowie die Entlastung derselben;
6. die Maßregeln zur Prüfung und Überwachung der Geschäftsführung;
7. die Bestellung von Prokuristen und von Handlungsbevollmächtigten zum gesamten Geschäftsbetrieb;
8. die Geltendmachung von Ersatzansprüchen, welche der Gesellschaft aus der Gründung oder Geschäftsführung gegen Geschäftsführer oder Gesellschafter zustehen, sowie die Vertretung der Gesellschaft in Prozessen, welche sie gegen die Geschäftsführer zu führen hat.

§ 47 Stimmrecht

(1) Die von den Gesellschaftern in den Angelegenheiten der Gesellschaft zu treffenden Bestimmungen erfolgen durch Beschlußfassung nach der Mehrheit der abgegebenen Stimmen.

(2) Jede hundert Deutsche Mark eines Geschäftsanteils gewähren eine Stimme.

(3) Vollmachten bedürfen zu ihrer Gültigkeit der schriftlichen Form.

(4) ¹Ein Gesellschafter, welcher durch die Beschlußfassung entlastet oder von einer Verbindlichkeit befreit werden soll, hat hierbei kein Stimmrecht und darf ein solches auch nicht für andere ausüben. ²Dasselbe gilt von einer Beschlußfassung, welche die

---
25 § 43a eingefügt durch die GmbH-Novelle 1980.
26 § 46 Nr. 1 geändert durch das BiRiLiG.

Vornahme eines Rechtsgeschäfts oder die Einleitung oder Erledigung eines Rechtsstreites gegenüber einem Gesellschafter betrifft.

§ 48 Gesellschafterversammlung[27]

(1) Die Beschlüsse der Gesellschafter werden in Versammlungen gefaßt.

(2) Der Abhaltung einer Versammlung bedarf es nicht, wenn sämtliche Gesellschafter schriftlich mit der zu treffenden Bestimmung oder mit der schriftlichen Abgabe der Stimmen sich einverstanden erklären.

(3) Befinden sich alle Geschäftsanteile der Gesellschaft in der Hand eines Gesellschafters oder daneben in der Hand der Gesellschaft, so hat er unverzüglich nach der Beschlußfassung eine Niederschrift aufzunehmen und zu unterschreiben.

§ 49 Einberufung der Gesellschafterversammlung

(1) Die Versammlung der Gesellschafter wird durch die Geschäftsführer berufen.

(2) Sie ist außer den ausdrücklich bestimmten Fällen zu berufen, wenn es im Interesse der Gesellschaft erforderlich erscheint.

(3) Insbesondere muß die Versammlung unverzüglich berufen werden, wenn aus der Jahresbilanz oder aus einer im Laufe des Geschäftsjahres aufgestellten Bilanz sich ergibt, daß die Hälfte des Stammkapitals verloren ist.

§ 50 Minderheitsrechte

(1) Gesellschafter, deren Geschäftsanteile zusammen mindestens dem zehnten Teil des Stammkapitals entsprechen, sind berechtigt, unter Angabe des Zwecks und der Gründe die Berufung der Versammlung zu verlangen.

(2) In gleicher Weise haben die Gesellschafter das Recht zu verlangen, daß Gegenstände zur Beschlußfassung der Versammlung angekündigt werden.

(3) [1]Wird dem Verlangen nicht entsprochen oder sind Personen, an welche dasselbe zu richten wäre, nicht vorhanden, so können die in Absatz 1 bezeichneten Gesellschafter unter Mitteilung des Sachverhaltnisses die Berufung oder Ankündigung selbst bewirken. [2]Die Versammlung beschließt, ob die entstandenen Kosten von der Gesellschaft zu tragen sind.

§ 51 Form der Einberufung

(1) [1]Die Berufung der Versammlung erfolgt durch Einladung der Gesellschafter mittels eingeschriebener Briefe. [2]Sie ist mit einer Frist von mindestens einer Woche zu bewirken.

(2) Der Zweck der Versammlung soll jederzeit bei der Berufung angekündigt werden.

(3) Ist die Versammlung nicht ordnungsmäßig berufen, so können Beschlüsse nur gefaßt werden, wenn sämtliche Gesellschafter anwesend sind.

(4) Das gleiche gilt in bezug auf Beschlüsse über Gegenstände, welche nicht wenigstens drei Tage vor der Versammlung in der für die Berufung vorgeschriebenen Weise angekündigt worden sind.

---

27 § 48 Abs. 3 angefügt durch die GmbH-Novelle 1980.

§ 51a Auskunfts- und Einsichtsrecht des einzelnen Gesellschafters[28]

(1) Die Geschäftsführer haben jedem Gesellschafter auf Verlangen unverzüglich Auskunft über die Angelegenheiten der Gesellschaft zu geben und die Einsicht der Bücher und Schriften zu gestatten.

(2) ¹Die Geschäftsführer dürfen die Auskunft und die Einsicht verweigern, wenn zu besorgen ist, daß der Gesellschafter sie zu gesellschaftsfremden Zwecken verwenden und dadurch der Gesellschaft oder einem verbundenen Unternehmen einen nicht unerheblichen Nachteil zufügen wird. ²Die Verweigerung bedarf eines Beschlusses der Gesellschafter.

(3) Von diesen Vorschriften kann im Gesellschaftsvertrag nicht abgewichen werden.

§ 51b Gerichtliche Entscheidung über das Auskunfts- und Einsichtsrecht[29]

¹Für die gerichtliche Entscheidung über das Auskunfts- und Einsichtsrecht findet § 132 Abs. 1, 3 bis 5 des Aktiengesetzes entsprechende Anwendung. ²Antragsberechtigt ist jeder Gesellschafter, dem die verlangte Auskunft nicht gegeben oder die verlangte Einsicht nicht gestattet worden ist.

§ 52 Aufsichtsrat[30]

(1) Ist nach dem Gesellschaftsvertrag ein Aufsichtsrat zu bestellen, so sind § 90 Abs. 3, 4, 5 Satz 1 und 2, § 95 Satz 1, § 100 Abs. 1 und 2 Nr. 2, § 101 Abs. 1 Satz 1, § 103 Abs. 1 Satz 1 und 2, §§ 105, 110 bis 114, 116 des Aktiengesetzes in Verbindung mit § 93 Abs. 1 und 2 des Aktiengesetzes, §§ 170, 171, 337 des Aktiengesetzes entsprechend anzuwenden, soweit nicht im Gesellschaftsvertrag ein anderes bestimmt ist.

(2) ¹Werden die Mitglieder des Aufsichtsrats vor der Eintragung der Gesellschaft in das Handelsregister bestellt, gelten § 37 Abs. 4 Nr. 3, § 40 Abs. 1 Nr. 4 des Aktiengesetzes entsprechend. ²Jede spätere Bestellung sowie jeden Wechsel von Aufsichtsratsmitgliedern haben die Geschäftsführer unverzüglich durch den Bundesanzeiger und die im Gesellschaftsvertrag für die Bekanntmachungen der Gesellschaft bestimmten anderen öffentlichen Blätter bekanntzumachen und die Bekanntmachung zum Handelsregister einzureichen.

(3) Schadensersatzansprüche gegen die Mitglieder des Aufsichtsrats wegen Verletzung ihrer Obliegenheiten verjähren in fünf Jahren.

4. Abschnitt
Abänderungen des Gesellschaftsvertrages

§ 53 Form der Satzungsänderung

(1) Eine Abänderung des Gesellschaftsvertrages kann nur durch Beschluß der Gesellschafter erfolgen.

(2) ¹Der Beschluß muß notariell beurkundet werden, derselbe bedarf einer Mehrheit von drei Vierteilen der abgegebenen Stimmen. ²Der Gesellschaftsvertrag kann noch andere Erfordernisse aufstellen.

---

28 § 51a eingefügt durch die GmbH-Novelle 1980.
29 § 51b eingefügt durch die GmbH-Novelle 1980.
30 § 52 Abs. 2 S. 1 geändert durch das Verschmelzungsrichtlinie-Gesetz; Abs. 1 geändert durch das BiRiLiG.

(3) Eine Vermehrung der den Gesellschaftern nach dem Gesellschaftsvertrag obliegenden Leistungen kann nur mit Zustimmung sämtlicher beteiligter Gesellschafter beschlossen werden.

§ 54 Anmeldung und Eintragung

(1) ¹Die Abänderung des Gesellschaftsvertrages ist zur Eintragung in das Handelsregister anzumelden. ²Der Anmeldung ist der vollständige Wortlaut des Gesellschaftsvertrags beizufügen; er muß mit der Bescheinigung eines Notars versehen sein, daß die geänderten Bestimmungen des Gesellschaftsvertrags mit dem Beschluß über die Änderung des Gesellschaftsvertrags und die unveränderten Bestimmungen mit dem zuletzt zum Handelsregister eingereichten vollständigen Wortlaut des Gesellschaftsvertrags übereinstimmen.

(2) ¹Bei der Eintragung genügt, sofern nicht die Abänderung die in § 10 Abs. 1 und 2 bezeichneten Angaben betrifft, die Bezugnahme auf die bei dem Gericht eingereichten Urkunden über die Abänderung. ²Die öffentliche Bekanntmachung findet in betreff aller Bestimmungen statt, auf welche sich die in § 10 Abs. 3 und in § 12 vorgeschriebenen Veröffentlichungen beziehen.

(3) Die Abänderung hat keine rechtliche Wirkung, bevor sie in das Handelsregister des Sitzes der Gesellschaft eingetragen ist.

§ 55 Erhöhung des Stammkapitals

(1) Wird eine Erhöhung des Stammkapitals beschlossen, so bedarf es zur Übernahme jeder auf das erhöhte Kapital zu leistenden Stammeinlage einer notariell aufgenommenen oder beglaubigten Erklärung des Übernehmers.

(2) ¹Zur Übernahme einer Stammeinlage können von der Gesellschaft die bisherigen Gesellschafter oder anderer Personen, welche durch die Übernahme ihren Beitritt zu der Gesellschaft erklären, zugelassen werden. ²Im letzteren Falle sind außer dem Betrage der Stammeinlage auch sonstige Leistungen, zu welchen der Beitretende nach dem Gesellschaftsvertrage verpflichtet sein soll, in der in Absatz 1 bezeichneten Urkunde ersichtlich zu machen.

(3) Wird von einem der Gesellschaft bereits angehörenden Gesellschafter eine Stammeinlage auf das erhöhte Kapital übernommen, so erwirbt derselbe einen weiteren Geschäftsanteil.

(4) Die Bestimmungen in § 5 Abs. 1 und 3 über den Betrag der Stammeinlagen sowie die Bestimmung in § 5 Abs. 2 über die Unzulässigkeit der Übernahme mehrerer Stammeinlagen finden auch hinsichtlich der auf das erhöhte Kapital zu leistenden Stammeinlagen Anwendung.

§ 56 Sacheinlagen[31]

(1) ¹Sollen Sacheinlagen geleistet werden, so müssen ihr Gegenstand und der Betrag der Stammeinlage, auf die sich die Sacheinlage bezieht, im Beschluß über die Erhöhung des Stammkapitals festgesetzt werden. ²Die Festsetzung ist in die in § 55 Abs. 1 bezeichnete Erklärung des Übernehmers aufzunehmen.

(2) Die §§ 9 und 19 Abs. 5 finden entsprechende Anwendung.

---

[31] § 56 neu gefaßt durch die GmbH-Novelle 1980.

§ 56a Leistungen auf das neue Stammkapital[32]

Für die Leistungen der Einlagen auf das neue Stammkapital und die Bestellung einer Sicherung findet § 7 Abs. 2 Satz 1 und 3, Abs. 3 entsprechende Anwendung.

§ 57 Anmeldung der Stammkapital-Erhöhung[33]

(1) Die beschlossene Erhöhung des Stammkapitals ist zur Eintragung in das Handelsregister anzumelden, nachdem das erhöhte Kapital durch Übernahme von Stammeinlagen gedeckt ist.

(2) ¹In der Anmeldung ist die Versicherung abzugeben, daß die Einlagen auf das neue Stammkapital nach § 7 Abs. 2 Satz 1 und 3, Abs. 3 bewirkt sind und daß der Gegenstand der Leistungen sich endgültig in der freien Verfügung der Geschäftsführer befindet. ²Für die Anmeldung findet im übrigen § 8 Abs. 2 Satz 2 entsprechende Anwendung.

(3) Der Anmeldung sind beizufügen:
1. die in § 55 Abs. 1 bezeichneten Erklärungen oder eine beglaubigte Abschrift derselben;
2. eine von den Anmeldenden unterschriebene Liste der Personen, welche die neuen Stammeinlagen übernommen haben; aus der Liste muß der Betrag der von jedem übernommenen Einlage ersichtlich sein;
3. bei einer Kapitalerhöhung mit Sacheinlagen die Verträge, die den Festsetzungen nach § 56 zugrunde liegen oder zu ihrer Ausführung geschlossen worden sind.

(4) Für die Verantwortlichkeit der Geschäftsführer, welche die Kapitalerhöhung zur Eintragung in das Handelsregister angemeldet haben, finden § 9a Abs. 1 und 3, § 9b entsprechende Anwendung.

§ 57a Ablehnung der Eintragung durch das Gericht[34]

Für die Ablehnung der Eintragung durch das Gericht findet § 9c entsprechende Anwendung.

§ 57b Bekanntmachung der Eintragung[35]

¹In die Bekanntmachung der Eintragung der Kapitalerhöhung sind außer deren Inhalt die bei einer Kapitalerhöhung mit Sacheinlagen vorgesehenen Festsetzungen aufzunehmen. ²Bei der Bekanntmachung dieser Festsetzungen genügt die Bezugnahme auf die beim Gericht eingereichten Urkunden.

§ 58 Herabsetzung des Stammkapitals

(1) Eine Herabsetzung des Stammkapitals kann nur unter Beobachtung der nachstehenden Bestimmungen erfolgen:
1. der Beschluß auf Herabsetzung des Stammkapitals muß von den Geschäftsführern zu drei verschiedenen Malen durch die in § 30 Abs. 2 bezeichneten Blätter bekanntgemacht werden; in diesen Bekanntmachungen sind zugleich die Gläubiger der Gesellschaft aufzufordern, sich bei derselben zu melden; die aus den Handelsbüchern der Gesellschaft ersichtlichen oder in anderer Weise bekannten Gläubiger sind durch besondere Mitteilung zur Anmeldung aufzufordern;
2. die Gläubiger, welche sich bei der Gesellschaft melden und der Herabsetzung nicht zustimmen, sind wegen der erhobenen Ansprüche zu befriedigen oder sicherzustellen;

---

32 § 56a eingefügt durch die GmbH-Novelle 1980.
33 § 57 Abs. 2 und 4 neu gefaßt, Abs. 3 Nr. 3 angefügt durch die GmbH-Novelle 1980.
34 § 57a eingefügt durch die GmbH-Novelle 1980.
35 § 57b eingefügt durch die GmbH-Novelle 1980.

3. die Anmeldung des Herabsetzungsbeschlusses zur Eintragung in das Handelsregister erfolgt nicht vor Ablauf eines Jahres seit dem Tage, an welchem die Aufforderung der Gläubiger in den öffentlichen Blättern zum dritten Mal stattgefunden hat;
4. mit der Anmeldung sind die Bekanntmachungen des Beschlusses einzureichen; zugleich haben die Geschäftsführer die Versicherung abzugeben, daß die Gläubiger, welche sich bei der Gesellschaft gemeldet und der Herabsetzung nicht zugestimmt haben, befriedigt oder sichergestellt sind.

(2) ¹Die Bestimmung in § 5 Abs. 1 über den Mindestbetrag des Stammkapitals bleibt unberührt. ²Erfolgt die Herabsetzung zum Zweck der Zurückzahlung von Stammeinlagen oder zum Zweck des Erlasses der auf diese geschuldeten Einzahlungen, so darf der verbleibende Betrag der Stammeinlagen nicht unter den in § 5 Abs. 1 und 3 bezeichneten Betrag herabgehen.

§ 59 Zweigniederlassung

¹Die Versicherung nach § 57 Abs. 2 ist nur gegenüber dem Gericht des Sitzes der Gesellschaft abzugeben. ²Die Urkunden nach § 57 Abs. 3 Nr. 1 und § 58 Abs. 1 Nr. 4 sind nur bei dem Gericht des Sitzes der Gesellschaft einzureichen.

5. Abschnitt
Auflösung und Nichtigkeit der Gesellschaft

§ 60 Auflösungsgründe[36]

(1) Die Gesellschaft mit beschränkter Haftung wird aufgelöst:
1. durch Ablauf der im Gesellschaftsvertrag bestimmten Zeit;
2. durch Beschluß der Gesellschafter; derselbe bedarf, sofern im Gesellschaftsvertrag nicht ein anderes bestimmt ist, einer Mehrheit von drei Vierteilen der abgegebenen Stimmen;
3. durch gerichtliches Urteil oder durch Entscheidung des Verwaltungsgerichts oder der Verwaltungsbehörde in den Fällen der §§ 61 und 62;
4. durch die Eröffnung des Konkursverfahrens; wird das Verfahren nach Abschluß eines Zwangsvergleichs aufgehoben oder auf Antrag des Gemeinschuldners eingestellt, so können die Gesellschafter die Fortsetzung der Gesellschaft beschließen;
5. mit der Rechtskraft einer Verfügung des Registergerichts, durch welche nach §§ 144a, 144b des Gesetzes über die Angelegenheiten der freiwilligen Gerichtsbarkeit ein Mangel des Gesellschaftsvertrags oder die Nichteinhaltung der Verpflichtungen nach § 19 Abs. 4 Satz 1 dieses Gesetzes festgestellt worden ist.

(2) Im Gesellschaftsvertrag können weitere Auflösungsgründe festgesetzt werden.

§ 61 Auflösung durch Urteil

(1) Die Gesellschaft kann durch gerichtliches Urteil aufgelöst werden, wenn die Erreichung des Gesellschaftszweckes unmöglich wird, oder wenn andere, in den Verhältnissen der Gesellschaft liegende, wichtige Gründe für die Auflösung vorhanden sind.

(2) ¹Die Auflösungsklage ist gegen die Gesellschaft zu richten. ²Sie kann nur von Gesellschaftern erhoben werden, deren Geschäftsanteile zusammen mindestens dem zehnten Teil des Stammkapitals entsprechen.

---
36 § 60 Abs. 1 Nr. 5 neu gefaßt durch die GmbH-Novelle 1980.

(3) Für die Klage ist das Landgericht ausschließlich zuständig, in dessen Bezirk die Gesellschaft ihren Sitz hat.

§ 62 Auflösung durch Verwaltungsbehörde

(1) Wenn eine Gesellschaft das Gemeinwohl dadurch gefährdet, daß die Gesellschafter gesetzwidrige Beschlüsse fassen oder gesetzwidrige Handlungen der Geschäftsführer wissentlich geschehen lassen, so kann sie aufgelöst werden, ohne daß deshalb ein Anspruch auf Entschädigung stattfindet.

(2) Das Verfahren und die Zuständigkeit der Behörden richtet sich nach den für streitige Verwaltungssachen landesgesetzlich geltenden Vorschriften.

§ 63 Konkursverfahren

(1) Über das Vermögen der Gesellschaft findet das Konkursverfahren außer dem Fall der Zahlungsunfähigkeit auch in dem Fall der Überschuldung statt.

(2) Die auf das Konkursverfahren über das Vermögen einer Aktiengesellschaft bezüglichen Vorschriften in § 207 Abs. 2, § 208 der Konkursordnung finden auf die Gesellschaft mit beschränkter Haftung entsprechende Anwendung.

§ 64 Konkursantragspflicht[37]

(1) [1]Wird die Gesellschaft zahlungsunfähig, so haben die Geschäftsführer ohne schuldhaftes Zögern, spätestens aber drei Wochen nach Eintritt der Zahlungsunfähigkeit, die Eröffnung des Konkursverfahrens oder die Eröffnung des gerichtlichen Vergleichsverfahrens zu beantragen. [2]Dies gilt sinngemäß, wenn das Vermögen der Gesellschaft nicht mehr die Schulden deckt. [3]Eine schuldhafte Verzögerung des Antrags liegt nicht vor, wenn die Geschäftsführer die Eröffnung des gerichtlichen Vergleichsverfahrens mit der Sorgfalt eines ordentlichen Geschäftsmanns betreiben.

(2) [1]Die Geschäftsführer sind der Gesellschaft zum Ersatz von Zahlungen verpflichtet, die nach Eintritt der Zahlungsunfähigkeit der Gesellschaft oder nach Feststellung ihrer Überschuldung geleistet werden. [2]Dies gilt nicht von Zahlungen, die auch nach diesem Zeitpunkt mit der Sorgfalt eines ordentlichen Geschäftsmanns vereinbar sind. [3]Auf den Ersatzanspruch finden die Bestimmungen in § 43 Abs. 3 und 4 entsprechende Anwendung.

§ 65 Anmeldung der Auflösung[38]

(1) [1]Die Auflösung der Gesellschaft ist zur Eintragung in das Handelsregister anzumelden. [2]Dies gilt nicht in den Fällen des Konkursverfahrens und der gerichtlichen Feststellung eines Mangels des Gesellschaftsvertrags oder der Nichteinhaltung der Verpflichtungen nach § 19 Abs. 4 Satz 1. [3]In diesen Fällen hat das Gericht die Auflösung und ihren Grund von Amts wegen einzutragen.

(2) [1]Die Auflösung ist von den Liquidatoren zu drei verschiedenen Malen durch die in § 30 Abs. 2 bezeichneten öffentlichen Blätter bekanntzumachen. [2]Durch die Bekanntmachung sind zugleich die Gläubiger der Gesellschaft aufzufordern, sich bei derselben zu melden.

---

37 § 64 Abs. 1 neu gefaßt durch das 2. WiKG.
38 § 65 Abs. 1 Satz 2 neu gefaßt durch die GmbH-Novelle 1980.

§ 66 Liquidatoren[39]

(1) In den Fällen der Auflösung außer dem Fall des Konkursverfahrens erfolgt die Liquidation durch die Geschäftsführer, wenn nicht dieselbe durch den Gesellschaftsvertrag oder durch Beschluß der Gesellschafter anderen Personen übertragen wird.

(2) Auf Antrag von Gesellschaftern, deren Geschäftsanteile zusammen mindestens dem zehnten Teil des Stammkapitals entsprechen, kann aus wichtigen Gründen die Bestellung von Liquidatoren durch das Gericht (§ 7 Abs. 1) erfolgen.

(3) [1]Die Abberufung von Liquidatoren kann durch das Gericht unter derselben Voraussetzung wie die Bestellung stattfinden. [2]Liquidatoren, welche nicht vom Gericht ernannt sind, können auch durch Beschluß der Gesellschafter vor Ablauf des Zeitraums, für welchen sie bestellt sind, abberufen werden.

(4) Für die Auswahl der Liquidatoren findet § 6 Abs. 2 Satz 2 und 3 entsprechende Anwendung.

§ 67 Anmeldung der Liquidatoren[40]

(1) Die ersten Liquidatoren sowie ihre Vertretungsbefugnis sind durch die Geschäftsführer, jeder Wechsel der Liquidatoren und jede Änderung ihrer Vertretungsbefugnis sind durch die Liquidatoren zur Eintragung in das Handelsregister anzumelden.

(2) Der Anmeldung sind die Urkunden über die Bestellung der Liquidatoren oder über die Änderung in den Personen derselben in Urschrift oder öffentlich beglaubigter Abschrift für das Gericht des Sitzes der Gesellschaft beizufügen.

(3) [1]In der Anmeldung haben die Liquidatoren zu versichern, daß keine Umstände vorliegen, die ihrer Bestellung nach § 66 Abs. 4 entgegenstehen, und daß sie über ihre unbeschränkte Auskunftspflicht gegenüber dem Gericht belehrt worden sind. [2]§ 8 Abs. 3 Satz 2 ist anzuwenden.

(4) Die Eintragung der gerichtlichen Ernennung oder Abberufung der Liquidatoren geschieht von Amts wegen.

(5) Die Liquidatoren haben ihre Unterschrift zur Aufbewahrung bei dem Gericht zu zeichnen.

§ 68 Zeichnung der Liquidatoren

(1) [1]Die Liquidatoren haben in der bei ihrer Bestellung bestimmten Form ihre Willenserklärungen kundzugeben und für die Gesellschaft zu zeichnen. [2]Ist nichts darüber bestimmt, so muß die Erklärung und Zeichnung durch sämtliche Liquidatoren erfolgen.

(2) Die Zeichnungen geschehen in der Weise, daß die Liquidatoren der bisherigen, nunmehr als Liquidationsfirma zu bezeichnenden Firma ihre Namensunterschrift beifügen.

§ 69 Rechtsverhältnisse der Gesellschaft und der Gesellschafter

(1) Bis zur Beendigung der Liquidation kommen ungeachtet der Auflösung der Gesellschaft in bezug auf die Rechtsverhältnisse derselben und der Gesellschafter die Vorschriften des zweiten und dritten Abschnitts zur Anwendung, soweit sich aus den Bestimmungen des gegenwärtigen Abschnitts und aus dem Wesen der Liquidation nicht ein anderes ergibt.

(2) Der Gerichtsstand, welchen die Gesellschaft zur Zeit ihrer Auflösung hatte, bleibt bis zur vollzogenen Verteilung des Vermögens bestehen.

---

39 § 66 Abs. 4 angefügt durch die GmbH-Novelle 1980.
40 § 67 Abs. 3 eingefügt durch die GmbH-Novelle 1980; bisherige Abs. 3 und 4 jetzt Abs. 4 und 5.

§ 70 Aufgaben der Liquidatoren

¹Die Liquidatoren haben die laufenden Geschäfte zu beendigen, die Verpflichtungen der aufgelösten Gesellschaft zu erfüllen, die Forderungen derselben einzuziehen und das Vermögen der Gesellschaft in Geld umzusetzen; sie haben die Gesellschaft gerichtlich und außergerichtlich zu vertreten. ²Zur Beendigung schwebender Geschäfte können die Liquidatoren auch neue Geschäfte eingehen.

§ 71 Bilanz; Rechte und Pflichten der Liquidatoren[41]

(1) Die Liquidatoren haben für den Beginn der Liquidation eine Bilanz (Eröffnungsbilanz) und einen die Eröffnungsbilanz erläuternden Bericht sowie für den Schluß eines jeden Jahres einen Jahresabschluß und einen Lagebericht aufzustellen.

(2) ¹Die Gesellschafter beschließen über die Feststellung der Eröffnungsbilanz und des Jahresabschlusses sowie über die Entlastung der Liquidatoren. ²Auf die Eröffnungsbilanz und den erläuternden Bericht sind die Vorschriften über den Jahresabschluß entsprechend anzuwenden. ³Vermögensgegenstände des Anlagevermögens sind jedoch wie Umlaufvermögen zu bewerten, soweit ihre Veräußerung innerhalb eines übersehbaren Zeitraums beabsichtigt ist oder diese Vermögensgegenstände nicht mehr dem Geschäftsbetrieb dienen; dies gilt auch für den Jahresabschluß.

(3) ¹Das Gericht kann von der Prüfung des Jahresabschlusses und des Lageberichts durch einen Abschlußprüfer befreien, wenn die Verhältnisse der Gesellschaft so überschaubar sind, daß eine Prüfung im Interesse der Gläubiger und der Gesellschafter nicht geboten erscheint. ²Gegen die Entscheidung ist die sofortige Beschwerde zulässig.

(4) Im übrigen haben sie die aus §§ 36, 37, 41 Abs. 1, § 43 Abs. 1, 2 und 4, § 49 Abs. 1 und 2, § 64 sich ergebenden Rechte und Pflichten der Geschäftsführer.

(5) ¹Auf allen Geschäftsbriefen, die an einen bestimmten Empfänger gerichtet werden, müssen die Rechtsform und der Sitz der Gesellschaft, die Tatsache, daß die Gesellschaft sich in Liquidation befindet, das Registergericht des Sitzes der Gesellschaft und die Nummer, unter der die Gesellschaft in das Handelsregister eingetragen ist, sowie alle Liquidatoren und, sofern die Gesellschaft einen Aufsichtsrat gebildet und dieser einen Vorsitzenden hat, der Vorsitzende des Aufsichtsrats mit dem Familiennamen und mindestens einem ausgeschriebenen Vornamen angegeben werden. ²Werden Angaben über das Kapital der Gesellschaft gemacht, so müssen in jedem Fall das Stammkapital sowie, wenn nicht alle in Geld zu leistenden Einlagen eingezahlt sind, der Gesamtbetrag der ausstehenden Einlagen angegeben werden. ³Der Angaben nach Satz 1 bedarf es nicht bei Mitteilungen oder Berichten, die im Rahmen einer bestehenden Geschäftsverbindung ergehen und für die üblicherweise Vordrucke verwendet werden, in denen lediglich die im Einzelfall erforderlichen besonderen Angaben eingefügt zu werden brauchen. ⁴Bestellscheine gelten als Geschäftsbriefe im Sinne des Satzes 1; Satz 3 ist auf sie nicht anzuwenden.

§ 72 Vermögensverteilung

¹Das Vermögen der Gesellschaft wird unter die Gesellschafter nach Verhältnis ihrer Geschäftsanteile verteilt. ²Durch den Gesellschaftsvertrag kann ein anderes Verhältnis für die Verteilung bestimmt werden.

§ 73 Verteilung und Gläubigerschutz

(1) Die Verteilung darf nicht vor Tilgung oder Sicherstellung der Schulden der Gesellschaft und nicht vor Ablauf eines Jahres seit dem Tage vorgenommen werden, an wel-

---

41 § 71 Abs. 1 neu gefaßt, Abs. 2 und 3 eingefügt durch das BiRiLiG; bisherige Abs. 2 und 3 jetzt 4 und 5.

chem die Aufforderung an die Gläubiger (§ 65 Abs. 2) in den öffentlichen Blättern zum dritten Male erfolgt ist.

(2) ¹Meldet sich ein bekannter Gläubiger nicht, so ist der geschuldete Betrag, wenn die Berechtigung zur Hinterlegung vorhanden ist, für den Gläubiger zu hinterlegen. ²Ist die Berichtigung einer Verbindlichkeit zur Zeit nicht ausführbar oder ist eine Verbindlichkeit streitig, so darf die Verteilung des Vermögens nur erfolgen, wenn dem Gläubiger Sicherheit geleistet ist.

(3) ¹Liquidatoren, welche diesen Vorschriften zuwiderhandeln, sind zum Ersatz der verteilten Beträge solidarisch verpflichtet. ²Auf den Ersatzanspruch finden die Bestimmungen in § 43 Abs. 3 und 4 entsprechende Anwendung.

§ 74 Bücher und Schriften

(1) ¹Nach Beendigung der Liquidation sind die Bücher und Schriften der Gesellschaft für die Dauer von zehn Jahren einem der Gesellschafter oder einem Dritten in Verwahrung zu geben. ²Der Gesellschafter oder der Dritte wird in Ermangelung einer Bestimmung des Gesellschaftsvertrags oder eines Beschlusses der Gesellschafter durch das Gericht (§ 7 Abs. 1) bestimmt.

(2) ¹Die Gesellschafter und deren Rechtsnachfolger sind zur Einsicht der Bücher und Schriften berechtigt. ²Gläubiger der Gesellschaft können von dem Gericht (§ 7 Abs. 1) zur Einsicht ermächtigt werden.

§ 75 Nichtigkeitsklage

(1) Enthält der Gesellschaftsvertrag keine Bestimmungen über die Höhe des Stammkapitals oder über den Gegenstand des Unternehmens oder sind die Bestimmungen des Gesellschaftsvertrags über den Gegenstand des Unternehmens nichtig, so kann jeder Gesellschafter, jeder Geschäftsführer und, wenn ein Aufsichtsrat bestellt ist, jedes Mitglied des Aufsichtsrats im Wege der Klage beantragen, daß die Gesellschaft für nichtig erklärt werde.

(2) Die Vorschriften der *§§ 272, 273 des Handelsgesetzbuchs*[42] finden entsprechende Anwendung.

§ 76 Mängelheilung durch Gesellschafterbeschluß

Ein Mangel, der die Bestimmungen über den Gegenstand des Unternehmens betrifft, kann durch einstimmigen Beschluß der Gesellschafter geheilt werden.

§ 77 Folgen der Nichtigkeit

(1) Ist die Nichtigkeit einer Gesellschaft in das Handelsregister eingetragen, so finden zum Zwecke der Abwicklung ihrer Verhältnisse die für den Fall der Auflösung geltenden Vorschriften entsprechende Anwendung.

(2) Die Wirksamkeit der im Namen der Gesellschaft mit Dritten vorgenommenen Rechtsgeschäfte wird durch die Nichtigkeit nicht berührt.

(3) Die Gesellschafter haben die versprochenen Einzahlungen zu leisten, soweit es zur Erfüllung der eingegangenen Verbindlichkeiten erforderlich ist.

---

42 Jetzt §§ 246–248 AktG.

6. Abschnitt
Schlußbestimmungen

§ 78 Anmeldungen zum Handelsregister[43]

Die in diesem Gesetz vorgesehenen Anmeldungen zum Handelsregister sind durch die Geschäftsführer oder die Liquidatoren, die in § 7 Abs. 1, § 57 Abs. 1, § 58 Abs. 1 Nr. 3 vorgesehenen Anmeldungen sind durch sämtliche Geschäftsführer zu bewirken.

§ 79 Festsetzung von Zwangsgeld

(1) ¹Geschäftsführer oder Liquidatoren, die §§ 35a, 71 Abs. 5 nicht befolgen, sind hierzu vom Registergericht durch Festsetzung von Zwangsgeld anzuhalten; § 14 des Handelsgesetzbuchs bleibt unberührt. ²Das einzelne Zwangsgeld darf den Betrag von zehntausend Deutsche Mark nicht übersteigen.

(2) In Ansehung der in §§ 7, 54, 57 Abs. 1, § 58 Abs. 1 Nr. 3 bezeichneten Anmeldungen zum Handelsregister findet, soweit es sich um die Anmeldung zum Handelsregister des Sitzes der Gesellschaft handelt, eine Festsetzung von Zwangsgeld nach § 14 des Handelsgesetzbuchs nicht statt.

§§ 80–81a

(aufgehoben)

§ 82 Falsche Angaben[44]

(1) Mit Freiheitsstrafe bis zu drei Jahren oder mit Geldstrafe wird bestraft, wer

1. als Gesellschafter oder als Geschäftsführer zum Zweck der Eintragung der Gesellschaft über die Übernahme der Stammeinlagen, die Leistung der Einlagen, die Verwendung eingezahlter Beträge, über Sondervorteile, Gründungsaufwand, Sacheinlagen und Sicherungen für nicht voll eingezahlte Geldeinlagen.
2. als Gesellschafter im Sachgründungsbericht,
3. als Geschäftsführer zum Zweck der Eintragung einer Erhöhung des Stammkapitals über die Zeichnung oder Einbringung des neuen Kapitals oder über Sacheinlagen oder
4. als Geschäftsführer in der nach § 8 Abs. 3 Satz 1 oder § 39 Abs. 3 Satz 1 abzugebenden Versicherung oder als Liquidator in der nach § 67 Abs. 3 Satz 1 abzugebenden Versicherung

falsche Angaben macht.

(2) Ebenso wird bestraft, wer

1. als Geschäftsführer zum Zweck der Herabsetzung des Stammkapitals über die Befriedigung oder Sicherstellung der Gläubiger eine unwahre Versicherung abgibt oder
2. als Geschäftsführer, Liquidator, Mitglied eines Aufsichtsrats oder ähnlichen Organs in einer öffentlichen Mitteilung die Vermögenslage der Gesellschaft unwahr darstellt oder verschleiert, wenn die Tat nicht in § 331 Nr. 1 des Handelsgesetzbuchs mit Strafe bedroht ist.

§ 83

(aufgehoben)

---
[43] § 78 neu gefaßt durch die GmbH-Novelle 1980.
[44] § 82 neu gefaßt durch die GmbH-Novelle 1980; Abs. 2 Nr. 2 ergänzt durch das BiRiLiG.

§ 84 Pflichtverletzung bei Verlust, Überschuldung oder Zahlungsunfähigkeit[45]

(1) Mit Freiheitsstrafe bis zu drei Jahren oder mit Geldstrafe wird bestraft, wer es
1. als Geschäftsführer unterläßt, den Gesellschaftern einen Verlust in Höhe der Hälfte des Stammkapitals anzuzeigen, oder
2. als Geschäftsführer entgegen § 64 Abs. 1 oder als Liquidator entgegen § 71 Abs. 4 unterläßt, bei Zahlungsunfähigkeit oder Überschuldung die Eröffnung des Konkursverfahrens oder des gerichtlichen Vergleichsverfahrens zu beantragen.

(2) Handelt der Täter fahrlässig, so ist die Strafe Freiheitsstrafe bis zu einem Jahr oder Geldstrafe.

§ 85 Verletzung von Geheimhaltungspflichten[46]

(1) Mit Freiheitsstrafe bis zu einem Jahr oder mit Geldstrafe wird bestraft, wer ein Geheimnis der Gesellschaft, namentlich ein Betriebs- oder Geschäftsgeheimnis, das ihm in seiner Eigenschaft als Geschäftsführer, Mitglied des Aufsichtsrats oder Liquidator bekanntgeworden ist, unbefugt offenbart.

(2) ¹Handelt der Täter gegen Entgelt oder in der Absicht, sich oder einen anderen zu bereichern oder einen anderen zu schädigen, so ist die Strafe Freiheitsstrafe bis zu zwei Jahren oder Geldstrafe. ²Ebenso wird bestraft, wer ein Geheimnis der in Absatz 1 bezeichneten Art namentlich ein Betriebs- oder Geschäftsgeheimnis, das ihm unter den Voraussetzungen des Absatzes 1 bekanntgeworden ist, unbefugt verwertet.

(3) ¹Die Tat wird nur auf Antrag der Gesellschaft verfolgt. Hat ein Geschäftsführer oder ein Liquidator die Tat begangen, so sind der Aufsichtsrat und, wenn kein Aufsichtsrat vorhanden ist, von den Gesellschaftern bestellte besondere Vertreter antragsberechtigt. ²Hat ein Mitglied des Aufsichtsrats die Tat begangen, so sind die Geschäftsführer oder die Liquidatoren antragsberechtigt.

---

45 § 84 neu gefaßt durch die GmbH-Novelle 1980.
46 § 85 angefügt durch die GmbH-Novelle 1980.

Stichwortverzeichnis

Zahlen ohne Zusatz beziehen sich auf die Erläuterungen und geben die Seitenzahl an. Zahlen-Buchstabenkombinationen mit dem Zusatz „M" beziehen sich auf die Muster und geben die Nummer des Musters an. §§-Bezeichnungen verweisen auf Vorschriften des GmbH-Gesetzes (S. 61 ff.).

Abberufung des Geschäftsführers § 38
Abfindung ausscheidender Gesellschafter 12
Abfindungsklauseln, Wirksamkeit 13
Abschlußprüfer 38
Abtretung von Geschäftsanteilen 10, 53 / M 122 a
Abtretungs- und Belastungsbeschränkungen 10
Änderung des Gesellschaftsvertrags 43 / M 119 a
Altgesellschaften und Gewinnverwendung 21
Anhang 17
Ankaufsrechte 9 f.
Anmeldung 29; §§ 7, 8, 78
– der Einmann-GmbH 36 / M 116 b
– der Geschäftsführer M 117 b; § 39
– zum Handelsregister s. Handelsregister
– der Liquidatoren M 123 b; § 67
– Prüfung des Registergerichts § 9 c
Arbeitsdirektor 15
Auflösung 59 / M 123 a
– Anmeldung § 65
– durch Urteil § 61
– durch Verwaltungsbehörde § 62
Auflösungsgründe § 60
Aufsichtsrat 14 f.; § 52
Ausfallhaftung der Gesellschafter § 24
Ausgeschiedener Gesellschafter, Abfindung s. dort
Auskunftsrecht §§ 51 a, b
Ausländer als beherrschender Gründungsgesellschafter 8
Ausscheidenstatbestände und Abfindungsregelung 13 f.
Ausschließung des Gesellschafters 12
Ausschluß 9 f., 12; § 21
Ausschüttung oder Thesaurierung 19
Ausschüttungsklauseln 20
Ausschüttungsrückholverfahren 21 f.
Außenstehende, Zutritt 26
Austritt des Gesellschafters 9 f.

Bareinlage 6; § 5
Bargründung, Handelsregisteranmeldung 29 / M 115 b; §§ 7, 8

Beirat 14 f.
Bestätigungsvermerk des Abschlußprüfers 19
Berufsverbot bei Geschäftsführern § 6 Abs. 2
Bestellung des Geschäftsführers 38; § 6 Abs. 3 u. 4
Betriebsaufspaltung 32
Bilanz 17; § 42
Bilanzgewinn 20
– und Kapitalerhöhung 48
Bilanzrichtlinien-Gesetz 17
Buchführung § 42
Buchwertklausel 13

Dienstvertragsrecht, Geschäftsführer 38
Differenzhaftung § 9 Abs. 1

Einbringung als Sachgründung 31 f.
Einmann-GmbH 35 ff.; § 1
– und § 181 BGB 16; § 35 Abs. 4
– Gesellschaftsvertrag 35 / M 116 a
– Protokollierungspflicht § 48 Abs. 3
– Sicherheitsleistung bei Anmeldung § 7 Abs. 2 Satz 3
Einmanngründung 1; §§ 7, 8
Einsichtsrecht §§ 51 a, b
Eintragung § 10
– s. auch Handelsregister
Einziehung von Anteilen 12; § 34
Ergebnisverwendung 19 f.; § 29
Ergebnisverwendungsklauseln 20
Errichtung 1
Erwerb von Geschäftsanteilen 9 ff., 53 ff.; § 15

Familiengesellschaft 9
Firma 2; § 4
Firmendirektversicherung 39
Fremdsprachliche Gegenstandsbezeichnung 3

89

Gesamtvertretung § 35 Abs. 2
Geschäftsanteil § 14
– Abtretung 53 / M 122 a; § 15
– eigener § 33
– Einziehung 12; § 34
– Mitberechtigung § 18
– neuer 48
– Nießbrauch 56 f. / M 122 c
– Treuhand 57 / M 122 c
– Vererbung § 15
– Versteigerung § 23
Geschäftsbriefe, Angaben auf – §§ 35 a, 71 Abs. 5
Geschäftsführer §§ 6, 35 ff.
– Abberufung § 38
– Anmeldung M 117 b; §§ 39, 78
– Bestellung § 6 Abs. 3 u. 4
– Haftung §§ 9 a, 9 b, 43
– Konkurs- und Vergleichsantrag §§ 64, 84
– Qualifikation § 6 Abs. 2
– Strafbarkeit §§ 82 ff.
– Versicherung bei Anmeldung §§ 8 Abs. 2 u. 3, 39 Abs. 3
– Zwangsgeld § 79
Geschäftsführervertrag 37 / M 117 a
Geschäftsführerwechsel, Handelsregisteranmeldung 41 / M 117 b; § 39
Geschäftsführung 15; §§ 35 ff.
Geschäftsjahr 17
Gesellschafter 8; § 45
Gesellschafterabfindung s. Abfindung
Gesellschafterausscheiden s. Ausscheiden
Gesellschafterausschluß s. Ausschluß
Gesellschafterliste 31 / M 115 c, M 116 c; §§ 8 Abs. 1 Nr. 3, 40
Gesellschafterversammlung 8; §§ 48 ff.
Gesellschaftsmittel, Kapitalerhöhung aus – 47
Gesellschaftsvertrag 24, 35 / M 115 a, M 116 a
– Änderung 43 / M 119 a; §§ 53 ff.
– Form 1; § 2
– Mindestinhalt 2; § 3
Gewinnvorschüsse 22
Große GmbH 18
Gründung 1, 24 / M 115 a
– Einmann-GmbH 35 / M 116 a; § 1
Gründungsprotokoll und Satzung 1

Haftung, falsche Angaben §§ 9 a, 9 b
– Geschäftsführer § 43
– Handelnden- § 11 Abs. 2
– Konkursverschleppung § 64 Abs. 2

Handelsregister, Altgesellschaften, Registersperre 21
– Eintragung und Handwerksrolle 5 f.
– Gesellschafterliste 31 / M 115 c, M 116 c
– Unternehmensgegenstand 4 f.
Handelsregister-Anmeldung 29 / M 115 b
– Auflösung der GmbH 60 / M 123 b
– Einmann-GmbH 36 / M 116 b
– Geschäftsführerwechsel 41 / M 117 b
– Kapitalerhöhung durch Einlage 47 / M 120 b
– Kapitalerhöhung aus Gesellschaftsmitteln 50 / M 120 d
– Kapitalherabsetzung 53 / M 121 d
– Liquidation, Beendigung 60 / M 123 d
– Satzungsänderung 44 / M 119 a, b
– Sitzverlegung 42 / M 118 a
Handwerksrolle und GmbH-Eintragung 5 f.

Informationsrechte §§ 51 a, b

Jahresabschluß 17; §§ 42, 42 a
Jahresergebnis 19; § 29

Kapitalerhöhung 45 ff.; §§ 55–57 b
– mit Bareinlage 46 / M 120 a
– aus Gesellschaftsmitteln 47 / M 120 c
– Handelsregister-Anmeldung s. dort
Kapitalerhöhungs-Gesetz 47
Kapitalgesellschaft, Größe 18
– große 18
– kleine 18
– mittelgroße 18
Kapitalherabsetzung 51 / M 121 a; § 58
– nach Einziehung 52 / M 121 b
– bei Unterbilanz 53 / M 121 c
Kleine GmbH 18
Körperschaftsteuer, Ausschüttungs-Rückhol-Verfahren 22
Konkurs § 63
– Antragspflicht §§ 64, 84
Kündigung des Gesellschafters 11

Lagebericht 17 f.
Liquidation, Handelsregisteranmeldung der Beendigung 60 / M 123 d; §§ 66 ff.

Mantelkauf, Mantelgründung 2
Mehrheitsverhältnisse 8
Minderjähriger 8

Stichwortverzeichnis

- GmbH-Geschäftsanteile, Erwerb und Veräußerung 54
- GmbH-Gesellschafter 8

Minderheitsrechte § 50
Mitbestimmung, Aufsichtsrat 14 f.
Mittelgroße GmbH 18

Nachschüsse 7; §§ 26 ff.
Nebenleistungspflichten 7
Nießbrauch am Geschäftsanteil 56 f. / M 122 c
Notar, ausländischer 1, 54
- GmbH-Geschäftsanteile, Abtretung 53 / M 122 a

Offenlegungspflichten 19

Pensionszusagen an Geschäftsführer 39
Personenfirma 2
Protokollierung von Beschlüssen 9 / M 115 a
Prüfungsbericht des Abschlußprüfers 19
Publizitätspflicht 19

Rechnungslegung 17
Registersperre 21
Rücklagenklausel 21
Rückzahlungsverbot § 32

Sacheinlage 6; §§ 5 Abs. 4, 8 Abs. 1, 9, 56
- gemischte 32
- verschleierte 6

Sachfirma 2; § 4
Sachgründung 31 / M 115 d
Sachgründungsbericht 34 / M 115 e
Satzungsänderung 43 / M 119 a; §§ 53 ff.
Selbstkontrahierungsverbot 16; § 35 Abs. 4
Sitz 4
Sitzverlegung 42 / M 118 a

Staatliche Genehmigung des Unternehmensgegenstands 5; § 8 Abs. 1 Nr. 6
Stammeinlage 6; §§ 5, 19
Stammkapital 6; § 5
- Erhaltung § 31
- Erhöhung s. Kapitalerhöhung
- Herabsetzung § 58
- Rückzahlungsverbot § 32

Statutarischer und tatsächlicher Sitz 5
Steuerklauseln 23
Stimmrechtsvollmacht 8, 57
Strafbestimmungen §§ 82 ff.

Testamentsvollstrecker, Testamentsvollstreckung bei Gründung 8, 11
Thesaurierungsklauseln 20
Treuhand über Geschäftsanteil 56 / M 122 c

Umwandlungsfähige Rücklagen 48
Unterbilanz und Kapitalherabsetzung 53 / M 121 c
Unternehmensgegenstand 4

Veräußerung von Geschäftsanteilen § 15
Verdeckte Gewinnausschüttung 23
Vererbungsbeschränkungen 11
Verpfändung von Geschäftsanteilen 55 / M 122 b
Verschleierte Sacheinlage 6
Vertretung 15; §§ 35 Abs. 1, 36
Vinkulierungsmöglichkeiten 9; § 15 Abs. 5
Vor-GmbH 1
Vorbelastungsverbot 1
Vorkaufsrechte 9 f.

Zeichnung für die GmbH §§ 35 Abs. 3, 39 Abs. 4, 68
Zweigniederlassung §§ 12, 59

Centrale für GmbH Dr. Otto Schmidt (Hrsg.):

GmbH-Handbuch
Die umfassende Gesamtdarstellung

Gesellschaftsrecht – Rechnungswesen – Steuerrecht – Arbeits- und Sozialversicherungsrecht – GmbH-Formulare. Teil 1 (Gesellschaftsrecht) und Teil 5 (GmbH-Formulare) von RA Dr. *K. Eder;* Teil 2 (Rechnungswesen) von WP und StB Dipl.-Volksw. Dr. *P.J. Heuser;* Teil 3 (Steuerrecht) von RA Dr. *B. Tillmann,* Fachanwalt für Steuerrecht; Teil 4 (Arbeits- und Sozialversicherungsrecht) von Prof. Dr. *D. Gaul.* 12. Auflage 1989, 4122 Seiten DIN A 5, in 3 Ordnern 158,– DM. Ergänzungslieferungen erscheinen etwa zwei- bis dreimal jährlich.
ISBN 3 504 32146 6

Dieses erfolgreiche Handbuch ist eine unentbehrliche Informationsquelle bei der Klärung von Rechts-, Bilanz- und Steuerfragen der GmbH, bearbeitet von Experten des GmbH-Rechts, die hier ihre praktischen Erfahrungen aus langjähriger Berufstätigkeit einbringen, mit 180 Mustern und Formularen.

GmbH-Rundschau
Die aktuelle Information

Mit Sonderfragen der GmbH & Co. und GmbH-Report. Monatsschrift für Geschäftsführer, Gesellschafter und ihre Berater. Schriftleitung: RA Dr. *B. Tillmann,* Fachanwalt für Steuerrecht (Chefredakteur), RA *W. Driesen.* Erscheint 1990 im 81. Jahrgang. Jahresabonnement 130,– DM (zzgl. Zustellgebühr), Einzelheft (Durchschnittsumfang 50 Seiten) 11,80 DM. Erscheint am 15. eines jeden Monats. ISSN 0016-3570

Seit über 80 Jahren ist die GmbH-Rundschau die Spezialzeitschrift, in der aktuelle Fragen des Gesellschafts-, Bilanz- und Steuerrechts der GmbH sowie die bei der GmbH & Co. auftretenden Sonderfragen zuverlässig und ausführlich behandelt werden. Der *„GmbH-Report"* berichtet aus der Arbeit der Centrale für GmbH und dient als übersichtliche und schnell lesbare Zusammenfassung der wichtigsten Informationen, die bei der unternehmerischen Entscheidung bzw. einer umfassenden Beratung nicht übersehen werden dürfen.

GmbH-Taschenbuch
Das kompakte Nachschlagewerk

Das Wichtigste zum Gesellschafts-, Bilanz- und Steuerrecht der GmbH in ABC-Form mit Musterverträgen. Bearbeiter: Prof. Dr. *Dieter Schulze zur Wiesche* (Lexikon), RA Dr. *Karl Eder* (Formulare) und Dipl.-Volksw. *Herbert Hansen* (Statistik). 3., überarbeitete Auflage 1989, 424 Seiten DIN A 6, gbd. 48,– DM. ISBN 3 504 32612 3

Verlag Dr. Otto Schmidt KG · Köln